Sales Management

〈改訂版〉

販売管理論入門

坪井　晋也
河田　賢一　【編著】

学文社

執　筆　者

堂野崎　衛　拓殖大学商学部教授（第1章）

＊坪井　晋也　常葉大学経営学部特任教授（第2章）

＊河田　賢一　常葉大学経営学部教授（第3章）

井上　善美　淑徳大学経営学部教授（第4章）

小谷健一郎　千葉商科大学商経学部専任講師（第5章）

（執筆順・＊は編者）

● はしがき ●

　本書は主に，これから販売管理に関することを学ぼうとする大学生を対象として企画，作成されたものです。

　販売管理に関する入門書という位置づけから，基礎的な必要最低限の項目に絞ることでわかりやすさを優先させています。同時に，本書の構成からも明らかなように，販売に関わる公的資格である「販売士」の基礎的検定試験に対応できるように構成されています。具体的には，リテールマーケティング（販売士）検定試験３級レベル程度の構成，内容に準拠することで，こうした資格を取得する際にも基礎的な参考書となりえることを意図しています。

　構成としては，検定試験の５科目に沿う形で，第１章「小売業の類型」，第２章「マーチャンダイジング」，第３章「ストアオペレーション」，第４章「マーケティング」，第５章「販売・経営管理」となっています。

　販売管理に関する，大学でのテキストとして，またリテールマーケティング（販売士）検定試験３級レベル程度の参考書として，さらには実務者の実用書としても，活用していただけることを願っています。

　最後に，本書の執筆においては，著者５人の共同作業から生まれましたが，その過程において，さまざまな支援をしていただいた学文社社長田中千津子氏にお礼申し上げます。

2018 年 3 月

編著者を代表して

坪井　晋也

● 改訂版の刊行にあたって ●

　本書は，販売管理に関する入門書という位置づけで，主に大学生を対象とし
て企画，作成されましたが，幸いにも大学生をはじめとする多くの方々にお読
みいただきました。今回，改訂版の刊行にあたっては，新しいデータに基づい
た図表の更新や，第一版ではふれられなかった事項の加筆，また文章の見直し
等，行うことで，より適切な内容とすることができました。今後とも，本書が
さらに多くの方々に活用していただけるよう願っています。

2020 年 12 月 1 日

編著者を代表して

坪井　晋也

● 目　次 ●

小売業の類型

1 流通における小売業の基本

1-1　小売業とは何か

1-1-1　小売業の定義

　小売業とは，メーカーや卸売業から商品を仕入れ，流通機構の末端に位置する最終消費者に商品を販売する事業者のことをいう。しかし，小売業のなかには最終消費者に販売活動を行う一方で，飲食店や小売店などの事業者に商品を卸すなど，小売業務と卸売業務を兼務する場合も少なくない。そのため，経済産業省の商業統計調査では，年間販売額の50％以上を最終消費者に販売する商業を小売業としている。同調査では，主として次の業務を行う事業所を小売業と定義している（経済産業省，2016：14-15）。

① 個人（個人経営の農林漁家への販売を含む）または家庭用消費者のために商品を販売する事業所

② 産業用使用者に少量または少額に商品を販売する事業所

③ 商品を販売し，かつ，同種商品の修理を行う事業所

④ 製造小売事業所（自店で製造した商品をその場所で個人または家庭用消費者に販売する事業所）

⑤ ガソリンスタンド

⑥ 主として無店舗販売を行う事業所（販売する場所そのものは無店舗であっても，商品の販売活動を行うための拠点となる事務所などがある訪問販売または通信・カタログ・インターネット販売の事業所）で，主として個人または家庭用消費者に販売する事業所

2

⑦ 別経営の事業所（官公庁，会社，工場，団体，遊園地などのなかにある売店などで他の事業者によって経営されている場合はそれぞれ独立した事業所として小売業に分類）

1-1-2 販売対象は消費者

　流通の役割を遂行するための社会的仕組みのことを流通機構といい，メーカー→卸売業→小売業→消費者という一連の商品の移転過程をさす。小売業は流通機構のなかでも最終消費者に最も近い位置にあり，販売対象者は主として消費者である（図表1-1参照）。

　また，卸売業は仕入れた商品を生産活動やその他の事業活動に利用する産業

図表1-1　消費財の流通機構（農林水産物を除く）

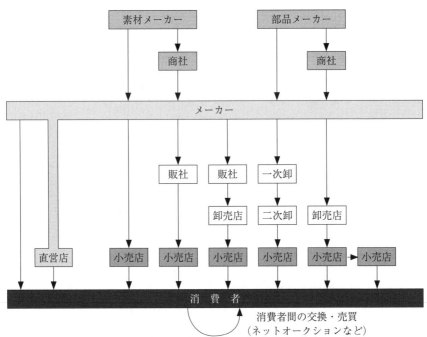

出所）日本商工会議所・全国商工会連合会編『販売士ハンドブック（基礎編）① 小売業の類型』（2016：9）

用使用者に再販売を行う。すなわち，小売業は最終消費者に対して商品やサービスを販売する事業者をさし，卸売業は消費者以外の事業者へ販売する事業者をさす。

1-1-3　卸売業を兼業するケース

　小売業のなかには，卸売業を兼業するケースも少なくない。たとえば，豆腐製造販売店は，豆腐を製造し，工場に併設された小売店舗において消費者に対して販売する一方で，他の食料品店などに商品を卸すことなどもある。

1-1-4　販売代理と購買代理

　小売業はメーカーに代わり消費者への「販売代理」をすると同時に，消費者のための「購買代理」も行っている。近年，小売業には購買代理の機能が強く求められるようになっている。

　消費者に最も近い場所に位置する小売業は消費者の行動やニーズを直接把握しやすい。とりわけ POS システムの活用により，リアルタイムで消費者の購買情報を収集することができる。こうして得られた情報の解析により，精度の高いマーチャンダイジングが可能となっている。

1-2　日本の小売業の構造と変化

1-2-1　構造上の特徴

　日本の流通構造の特徴として，零細性，過多性，多段階性が指摘されている。

　零細性とは，就業者規模が零細であることを表している。商業統計調査（経済産業省，2016：254）では，就業者数4人以下の零細小売店は全国の小売店舗数全体の 62.6％にのぼる。これに対して売上高はわずか12％を占めるにすぎない。いわゆるパパママストアとよばれる家族経営の零細小売店が大勢を占めているのである。

　過多性とは，国土面積当たり，あるいは人口当たりの店舗数が多いことを意味する。日本では1 km² 当たり2.0店，人口1,000人当たり約6.1店（2016年

国勢調査）となっている。欧米と比較すると，単位面積，人口当たりともに日本の小売業の店舗密度は高い。

多段階性とは，中間流通の段階が多いことを表している。一般には，W/R比率を用いて比較が行われる。W/R比率とは，以下の公式によって求められる。

$$W/R 比率 = \frac{卸売業の販売額（売上高）}{小売業の販売額（売上高）}$$

卸売が多段階になれば，一次卸，二次卸と売上高が加算されるため，卸売販売額が膨らみW/R比率は高くなる。しかし，W/R比率の数値が高くなる要因は，卸売が多段階であることだけでなく，輸出向けや産業用の卸売販売額が多い場合にも起こり，小売業への流通量が減ることにより生じる。そのため，消費財でみる場合には上記の公式の卸売業の販売額から輸出向け・産業用の販売額を差し引いた額を用いることもある。ただし，これを考慮しても，欧米と比較して日本のW/R比率は高い数値になる。したがって，日本の流通は構造的に卸売業が介在する流通システムが主導しているといえる。

1-2-2　多頻度小口の購買習慣

消費者は最寄品の購買に関して，自宅周辺の店舗で，必要な商品を必要な時に，必要な分だけ購買するいわゆる多頻度小口の購買習慣を有している。そのため，零細な最寄品を扱う業種店が住宅地周辺に密集して存在している。

1-3　流通機構における小売業の役割

1-3-1　流通と流通機能

流通とは，生産と消費との間にあるギャップ（隔たり）を架橋し，そのギャップの調整や解消を目指す活動の総称をいう。

生産者と消費者との間にあるギャップには，①所有権のギャップ，②空間

のギャップ，③ 情報のギャップ，④ 品ぞろえのギャップ，⑤ 価値のギャップ，⑥ 時間のギャップがある。流通機構はこれらのギャップを架橋するために必要な機能を遂行できる組織によって構成される。

生産者と消費者との間に存在するさまざまなギャップを解消するために流通業が遂行すべき機能は以下のようになる。

① **取引機能** 所有権のギャップと品ぞろえのギャップ，価値のギャップを架橋する機能であり，販売活動と仕入活動から構成される。これにより，所有権と価値が消費者に移転し，所有的効用が発揮される。

② **輸送機能** 生産地と消費地との間にある空間のギャップを架橋する機能であり，輸送活動により構成される。これにより場所的効用が発揮される。

③ **情報伝達機能** 売り手と買い手における情報のギャップを架橋する機能であり，プロモーション活動と情報収集活動から構成される。これにより，取引機能と，輸送機能，保管機能が円滑に遂行される。

④ **保管機能** 生産時期と消費時期の時間のギャップを架橋する機能であり，保管活動により構成される。これにより，時間的効用が発揮される。

1-3-2 小売業の役割

小売業は流通機構のなかにおいて最終消費者に対して販売を担う立場から流通の川下に位置づけられる。そのため，小売業はメーカーや卸売業から自らの主要顧客の求める商品を厳選して仕入れ，それらを適切に組み合わせて魅力的な売場をつくるアソートメントを基本的な役割としている。すなわち，消費者の購買代理を担う重要な役割を果たしているのである。店舗では一般的に次のような対応が求められる。

① **小分け販売** 小売業は一人ひとりの来店客の購買需要に見合った数量の商品を提供することが重要である。

② **分散立地型販売** メーカーは集中生産体制をとることにより，生産コストを低減できるメリットがある。これに対して小売業は，広域に点在する消費者に遅滞なく商品を提供することが求められるため，自店の商圏が他店の商圏

と重複しないように分散出店する。

③ **非計画的購買への対応**　今日の消費者は毎日の生活に必要な食料品について
は基本的には計画的に購買する傾向にある。しかし，TPO により衝動買い
することも少なくない。食品スーパーでの購買品目のうち7～8割は非計画
的購買によるものであるともいわれている。そうした非計画的購買に対応す
るために，魅力的な売場づくりや商品政策，プロモーションなどを計画的，
継続的に行う必要がある。

④ **体験型購買の促進**　小売業は消費者が気軽に商品に触れたり，その商品を使
った実際の体験ができるような快適な買物空間づくりが重要となっている。

1-3-3　小売業の機能と基本的役割

　小売業の果たすべき機能は，(1)消費者に対する役割，(2)商品の仕入先企業
に対する役割，(3)社会に対する役割という3つの視点でとらえることができ
る。以下，それぞれに対する役割についてみていこう。

(1)　消費者に対する役割

① **品ぞろえの提供機能**　今日の消費者は，店内に陳列される幅広い品ぞろえの
なかから，購買目的，購買動機やライフスタイルなどに最も適した商品を選
んで購買する。したがって，小売業は多種多様な商品を効果的に組み合わせ
て編集するアソートメントを行うことで主要顧客層のニーズに対応すること
が重要となる。

② **在庫の調整機能**　小売業の店舗においては，売れ筋商品や新商品をはじめと
して多数の商品がディスプレイされている。他方で，消費者は，必要性を感
じたときに，必要な商品の必要な数量を身近な店舗で購入する「当用買い」
を基本とする。

　個々の小売業は売れ筋商品ほど欠品を起こさないよう安全在庫を保つ必要
がある。これにより需給バランスが崩れたとしても，価格の乱高下が起こら
ないように調整することができる。

③ **価格の調整機能**　今日，多くの地域でひとつの商品カテゴリーをめぐる店舗形態間競争が激化している。特に，近年，新業態として登場した小売店の多くがローコストオペレーションを構築したことにより，低価格化が常態化している。

　　小売業は，費用削減を実現しながら，競合店との競争のなかで地域生活水準に対応した適正価格を実現することにより，消費者の生活を支援することが目指される。

④ **情報の提供機能**　小売業は商品の販売だけでなく，取扱商品に関するさまざまな情報を提供している。

　　主要顧客のライフスタイルに合わせた商品の組み合わせや用途の提案などの生活情報の提供や，専門の販売員による顧客ニーズを汲み取りながら行われる提案型販売，カウンセリング販売を行う専門型小売業も存在する。小売業による情報提供機能は年々，その重要性が増している。

⑤ **品質のチェック機能**　小売業においては，消費者に推奨できる安全・安心な品質で，さらに適正価格帯で販売できる商品を積極的に取り揃え，魅力的な売場をつくる必要がある。

　　そのため，商品のデザイン，トレードマーク，ブランド，ファッション性などの消費者視点に立った品ぞろえを検討すると同時に，商品を仕入れる際には，専門的な知識に基づいて総合的に品質をチェックする必要がある。

⑥ **利便性の提供機能**　コンビニエンスストア（以下，CVS）の普及に代表されるように，今日の消費者の時間的な利便性に応えることが小売業の使命でもある。地域の特性に合わせた小売店経営を行うことで，消費者の利便性を高めることが小売業の大きな役割となっている。

⑦ **顧客サービスの提供機能**　消費者から支持される小売業とは，商品の販売に付随するきめ細かなサービスを徹底して提供することにある。代表的なものとしては，カード社会に対応したクレジット機能や電子マネー，デビットカードによる決済やポイントカードなどの特典付きプログラム，配送サービスなどを多数用意することである。

⑧ **快適性の提供機能**　小売業に求められるのは消費者が楽しめる快適な売場づくりである。近年ではライフスタイル提案型の売場が増え，売場空間の演出や賑わい性を醸し出すことにより，買物中の消費者の気分を高揚させるような売場づくりが進められている。こうした快適性を提供することによりストア・ロイヤルティを形成することが可能となる。

(2)　商品の仕入先企業に対する役割

① **生産支援機能**　メーカーの生産技術が高度化することにより優れた商品が増えている。こうした商品も，流通段階において円滑に取引され，卸売業や小売業を通じて効率的に消費者に届けられなければ，多大な資源ロスを生むことになる。

　小売業はメーカーに代わって消費者に販売する販売代理機能を果たすことにより，商品を大量かつ安定的に生産し続けるための販路としての重要な役割を担っている。

② **流通主権者機能**　プライベートブランド（以下，PB）商品を開発し，その販売に至るまでのすべての流通プロセスを主権者として管理することを意味する。PB 商品とは自社で企画した内容に基づく商品開発をメーカーに生産委託し，自社店舗またはグループ店舗を通じて販売する自社企画商品である。原価を自社管理できるうえに，広告宣伝をしないことにより低価格で販売でき，粗利益率も高い。

③ **消費者情報伝達機能**　小売業は流通段階において日々消費者と直接的に接する場所に位置している。そこで得られる消費者の購買行動や購買目的などの情報は，多様化する消費者ニーズを汲み取る時に重要なデータとなる。小売業は，さまざまな情報を商品カテゴリー別，あるいは消費者属性別に分類・整理し，メーカーや卸売業に情報提供する役割を担っている。

(3)　社会に対する役割

① **暮らしの向上**　地域で暮らす消費者が快適で健康的な日常生活が送れるよう

に生活改善に貢献することが小売業の使命のひとつである。たとえば，店舗内外のクリンリネス，商品配送に伴うトラック騒音への配慮，来店客の車両利用による交通渋滞などへ対応しなければならない。

　さらに，店舗近隣の環境美化活動や夜間の照明設備対策，駐輪場・駐車場の安全対策などについても取り組む必要がある。

② 地域社会への貢献　これまで小売業は地域環境に配慮した店舗経営を行うことで，地域住民から受け入れられるためにさまざまな活動を行ってきた。しかし，今後はこれとは別の視点から地域社会への貢献が期待されている。それが，小売業が地域文化の発信基地になるという役割である。その地域の歴史や文化を発信し，また商習慣や催事などを伝承するメディアとしての役割が求められている。

③ 雇用機会の提供　日本の小売店舗数は多く，しかも全国的に点在している。時として，景気低迷に伴う失業者の受け皿としても重要な位置づけにある。新たな店舗が出店すればその地域の雇用機会につながる。地域社会の雇用創出の場として機能することは地域貢献に直接的に寄与することになる。

1-4　中小小売業の現状と役割

1-4-1　中小小売業の現状

　中小企業基本法によれば，中小小売業とは「資本金の額または出資の総額が5,000万円以下の会社ならびに常時使用する従業員の数が50人以下の会社および個人」と定義される。

　商業統計調査（経済産業省，2016：254）では，全国の小売事業所数は約77万事業所となり，ピーク時の1982年の172万1,465事業所から約95万事業所が姿を消したことになる。

　このうち就業者数4人以下の小規模事業所が全体の62.6％，5〜49人の中規模事業所が35.6％，50人以上の大規模事業所が1.7％となっており，小売業全体の98.2％が中小規模の事業所により構成されている。さらに，2人以下の小規模事業所は小売業全体の40％以上を占める。

次に，全国小売業の年間商品販売高は 127 兆 8,949 億円で，2007 年の同調査と比較すると約 5％減少している。小売業の年間販売額の上昇は商業統計調査開始の 1958 年以降 1997 年まで連続して増加が続いたものの，1999 年からは減少に転じ，それ以降は減少傾向が続いている。

上述のように，中小小売業を取り巻く経営環境は厳しく，脆弱な経営基盤の中小小売業が活力を戻すためのひとつの方策としては，フランチャイズチェーン（以下，FC）やボランタリーチェーン（以下，VC）などのチェーン組織に加盟するという方向性が考えられる。

1-4-2　中小小売業の役割

中小小売業の特徴は，大手小売業のように全国チェーンで店舗展開するようなことはせず，特定地域の消費者との強固な結びつきにより店舗経営を維持・継続する地域密着性の高さにある。中小小売業は全国各地に点在し，店舗数も多く，その地域の雇用の受け皿としても重要な役割を担っている。

また，地域の消費者からみれば，画一的な全国チェーン店ばかりでなく中小小売業のさまざまな店舗形態が存在するからこそ多様な消費者ニーズに応えることができる。全国チェーン店にはない品ぞろえやサービスで差別化を図る中小小売業の存在は地域の消費者にとって購買行動の幅を広げてくれる。

いま，核家族化や世帯の高齢化，単身世帯の増加など社会構造の変化のなかで，人と人とのふれあいやコミュニケーションの場が求められる。そうした場の提供を中小小売業が積極的に果たすことにより，地域のなかでの存在意義を高めることができれば，より強固なストア・ロイヤルティの形成を促進することができる。

1-4-3　中小小売業の活性化

中小小売業の活性化のためには，経営者の高齢化問題や後継者問題，店舗立地条件の悪化などの中小小売業が抱える本質的な課題を解決するための方策を模索する一方で，活力ある中小小売業経営者の積極的な支援や方向性の提示を

行うことが重要となる。

　中小小売業の活性化を促進する方策には，次のような方法があろう。

　ひとつめはチェーン組織への加盟である。洗練された小売経営ノウハウを獲得するためには，FC や VC に加盟するという方策がある。ただし，FC への加盟は効率的な経営に関するあらゆるノウハウを本部が提供してくれる反面，経営者自身の自由裁量の度合いが制限されることになる。そうした意味では，VC への加盟の方が経営者の裁量が大きく，必要に応じたチェーン組織のメリットを享受することができる。

　2つめは，品ぞろえの専門化である。中小小売業では，店舗が大型店より小さく，その限られた売場面積で品ぞろえの総合化を目指すと総花的品ぞろえに陥ることが多々ある。こうした問題に対しては，顧客層を絞り込み，品ぞろえを特定分野の商品カテゴリーに特化したほうが顧客満足度は高くなる。ただし，商品特性によっては顧客層を絞り込むほど，広域から集客可能な利便性の高い立地条件が要求されるため，標的顧客と品ぞろえの専門化の程度については十分な検討が必要となる。

　3つめは，業種店から業態店への移行である。何を売るかを基本とする業種店の発想から，どのように売るかという業態店への発想への転換が，昨今の消費者を引き付ける小売店に必要な要素となっている。

　4つめは，きめ細かなサービスの提供である。小分け販売や店内加工サービス，インストアキッチンによる店内調理，宅配サービスなど消費者ニーズに対応したサービスの充実は顧客満足度を高めることになる。

　5つめは，ICT（情報通信技術）の活用である。ネット販売が広く普及してきたことにより商圏という制約がなくなりつつある。これは企業規模の大小に関係なくビジネスチャンスを生み出している。今後の ICT の活用は急務である。

2 組織形態別小売業の基本

2-1　組織小売業の種類と特徴

2-1-1　総　論

　組織小売業とは「複数の店舗が同じ店舗名の看板を掲げ，共通の基盤を活用して店舗運営業務を行う事業展開方式」と定義できる。

　組織小売業のねらいは，単独店では得ることのできないスケールメリットを追求し，経営の効率化と合理化を図ることにある。たとえば，統一的な運営管理体制の構築による標準的な店舗の設置や共同仕入による仕入価格の低減化などのメリットがある。

　組織小売業は，本部と店舗を分離して仕入と販売の機能分化を行うことにより，ローコストオペレーション・システムを構築している。本部機能は，仕入，立地選定，店舗開発，在庫管理，棚割，広告などのオペレーションの集中化である。特に仕入については本部一括仕入によるバイイングパワーの発揮が仕入単価の低減をもたらす。他方，店舗機能は販売活動に専念することで効率的な店舗運営に注力することが可能となる。

　組織小売業は所有形態や店舗運営の形態，さらには販売する商品の種類により，次のように分類することができる（図表1-2参照）。

① **資本形態による分類**　複数店舗をもつ組織形態で，直営組織のレギュラーチェーン（以下，RC）と契約によって商標や運営ノウハウを提供するFC，そして共同資本によるVCや消費生活協同組合（生協）の共同組織がある。

② **店舗形態による分類**　組織小売業は，取扱商品の範囲によって，ゼネラル志向（総合品ぞろえスーパーなど）またはリミテッド志向（家電スーパーなど）に分類される。

③ **取扱商品の種類による分類**　取扱商品の種類で分類するもので，食料品や衣料品などを専門に取り扱う組織小売業などがある。

図表1-2　組織小売業の分類

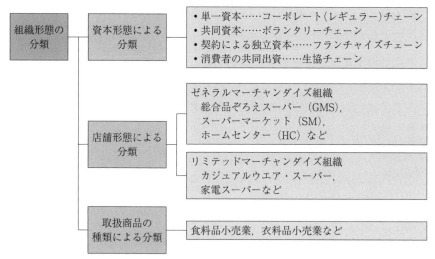

出所）日本商工会議所・全国商工会連合会編『販売士ハンドブック（基礎編）① 小売業の類型』
（2016：29）

2-1-2　ボランタリーチェーン（VC）

　日本ボランタリーチェーン協会によると，VCとは，同じ目的をもつ独立事業者が主体的に参画・結合し，チェーンオペレーションを構築・活用しながら，地域生活者のニーズに対応した商品・サービスを提供する連鎖組織である[1]。

　独立自営の家電店や食料品店などの小規模小売店が個々の事業の独立性を維持したまま，店舗運営の弱い部分を補完するために共同活動に参加する連鎖化組織である。VCには，卸売業者主宰と小売業者主宰のものがある。前者の有力な卸売業者が中小規模の小売店を組織化し，自らがVCのチェーン本部になる形態を「卸主宰VC」といい，後者の中小規模の小売店が結束して新たに本部を設営する形態を「小売主宰VC」という。小売主宰のVCをコーペラティブチェーン（Cooperative Chain）とよぶ場合がある。

①VCの目的　VCは大手チェーンストアへの対抗策として複数の中小小売業がひとつのチェーンとして組織化し，商品の共同仕入や独自商品の開発，配

送の共同化などによりチェーン化のメリットを共有するものである。なお,卸主宰 VC と小売主宰 VC は以下のような点で異なる。

　卸主宰 VC は,主体となる卸売業の取引先だった中小小売業に対して VC への加盟を促し,共同活動や経営支援を行う形態である。また,小売主宰 VC は,本部を主宰する小売業が,同業他店を加盟店として募り,共同仕入や共同商品開発,物流の共同化などを通じて大手チェーンストアに対抗することをねらいとしている。

② **組織構成**　VC への加盟店は,独立自営の小売業である。加盟店は,チェーン全体の効率的な運営の妨げにならないように意欲的に参加しなければならない。VC は加盟店同士が共同体意識をもち,相互に助成しあう参加型組織である。それゆえ,チェーンオペレーションのメリットを最大限に享受するためには,加盟店全体の意思統一こそが本部に与えられる使命のひとつでもある。

③ **運　営**　VC の本部は次のような 4 つの機能を有する。

　ひとつめは仕入の集中管理である。加盟店が個々に仕入れる商品を特定の商品に限って発注を VC 本部に集中して一括発注することにより費用削減が可能となる。すなわち VC 本部は加盟店に代わって取引先であるメーカーや卸売業との交渉に対応することになる。

　2 つめはチェーン規模の拡大である。VC の運営は店舗数が拡大すればするだけ運営上の効果や効率性を高めることになる。したがって,VC 本部は加盟店獲得に努めてスケールメリットを追求しなければならない。

　3 つめは情報の集中管理と加盟店へのフィードバックである。VC 本部が各加盟店で得られる顧客情報を集約し,管理・分析を行うことで各加盟店に適切な指導や情報提供を行うフィードバック機能を担っている。

　4 つめは加盟店の業績評価である。VC 本部は適切な経営指導を実施するために加盟店個々の経営状態の開示を求めたり,経営環境を把握したいと考えている。しかし,加盟店は自己の経営状態を積極的に報告することは稀で,経営指導にまで踏み込めないのが実態である。VC には独立した事業体

を基本とすることの組織的紐帯の弱さがある。

2-1-3 フランチャイズチェーン（FC）

FC は CVS やファストフード店などで一般的に用いられる連鎖化組織である。ビジネス上のフランチャイズとは，ある企業が資本関係のない他の事業者に対して，店舗名などの商標の貸与，商品やサービスの供給，そして経営ノウハウなどを提供する見返りに対価を受け取る契約関係をさす。小売業や外食産業以外に教育や不動産などのサービス産業などにも展開されている。

① 目的とメリット　FC における本部と加盟店の双方のメリットは，次のようになる。

　加盟店のメリットは，消費者に信頼されるトレードマーク（商標）が使用できる。販売品目やサービス内容についての FC 本部企業のノウハウを活用できる，経営上のリスクが比較的少ない，などがあげられる。

　また，本部のメリットは，少ない投資で急速な規模拡大が可能である，確実な収入が得られる，情報収集が容易になる，などである。

② 組織構成　本部も加盟店も相互に独立資本の事業者が契約によって結ばれる「契約型チェーン」という点では VC と共通するが，以下の点が FC 固有の特徴である。ひとつめは加盟店間に横のつながりがないこと，2 つめは，FC 本部利益と加盟店利益は基本的に独立していることから干渉できない，3 つめに，FC 本部企業が大規模であること，があげられる。

③ 運　営　フランチャイズビジネスにおいて，特権を与える者，すなわち本部または本部企業をフランチャイザーといい，他方，特権を与えられる者，すなわち加盟店または加盟企業をフランチャイジーという。

　与えられる特権とは，フランチャイザーが開発した商品や営業の仕組みのことをさし，一般的に次のような内容を含む。

• フランチャイザーが開発した商標，サービスマーク，トレードネーム，その他営業の象徴となる標識
• フランチャイザーが開発した商品やサービス，情報など，経営ノウハウの

活用

- フランチャイジーに対する継続的な経営指導や援助（日本フランチャイズチェーン協会，2017：24）

　このようなフランチャイザーが開発した特権は，フランチャイジーに対してパッケージで提供され，その対価として，フランチャイザーにロイヤルティ（経営指導料）を支払う。

④規　模　一般社団法人日本フランチャイズチェーン協会（2019年度）によると，国内のフランチャイズビジネスは，チェーン企業数で1,324チェーン，店舗数は26万2,000店舗，売上高合計は26兆6,000億円となっている。このうち，小売業は328チェーン，11万220店舗で，約19兆円を占めており，FCが日本の小売業界において重要な経営形態であることがわかる。

　そのなかでも，FCの代表格であるCVSは，17のチェーン企業が5万7,966店舗を展開し，11兆3,332億円を売り上げている。[2]

2-1-4　レギュラーチェーン（RC）＝コーポレートチェーン（CC）

　チェーンストアのうち，本部と店舗が単一資本のもとで同じ事業体に属しているチェーンをRCまたはコーポレートチェーン（以下，CC）という。以下，その特徴についてみていこう。

①目　的　RCとは，ひとつの企業が同様，類似する多数の店舗を所有し，本部が標準化したオペレーションによって各店舗を集中的に管理する経営組織体をいう。このRC方式によって，店舗は地理的に分散しつつも，店舗網拡大による大規模化が可能となる。すなわち，本部は仕入，店舗は販売という分業化による経営の効率化を図ることが可能となる。

　RC方式は，スーパーマーケット（以下，SM）や総合品ぞろえスーパー（以下，GMS）だけでなく，家電，家具，衣服などの専門店チェーンにも広く普及している。

　RCは大規模化によるスケールメリットを追求できる反面，標準化，画一化という弊害と地域との融合が課題となっている。すなわち，個々の店舗ご

とに異なる市場環境にあるが，どの程度標準化し，どの程度個別店舗に任せ
ることが合理的なのかといった集権的組織と分権的組織との融和が模索され
ている。

② **組織構成** RCは，単一資本の中に本部も店舗も属している。店舗数拡大の
ためには莫大な自己資金を必要とし，そのうえ，従業員の採用，雇用，教育
まですべて自社で行わなければならない。そのため，店舗が業績不振に陥っ
た場合のリスクはきわめて大きい。

③ **運 営** 今日，RCは多様な小売業態で用いられる典型的な多店舗展開方式
であるが，大量仕入を背景とする仕入先企業への過度の依存や消費者の購買
行動などの変化に，本部一括仕入や単品大量販売の手法では必ずしも対応し
きれなくなっている。そのため，本部の権限を店舗に委譲し，商圏内の消費
者ニーズに対応しながら店舗独自の商品仕入や，販売促進活動を展開する
RCが増加している。

2-1-5 消費生活協同組合（COOP）

① **消費生活協同組合（以下，生協）** 消費生活協同組合法に基づき，消費者が出
資して組合員となり運営される協同組織体である。一般には「コープ」とよ
ばれ，その目的は，組合員の経済的な厚生を図ることにある。

　生協には，それぞれが独立した法人として，独自のテーマや事業活動を行
う単位生協があり，その中には「地域生協」「大学生協」「職域生協」「医療
福祉生協」などがある。また，生協の事業は，流通分野の購買事業だけでな
く，旅行，文化，葬祭など多岐に渡る。さらに，購買生協の店舗事業におい
ては，多店舗化を志向しているものの，消費生活協同組合法の員外利用制限
があるため実現するには至っていない。

　生協事業は，組合員への奉仕を理念とし，消費者利益のために良品質の商
品をより安価に提供することに主眼を置いている。また，出資金額の多寡に
よらず，1人1票の議決権に基づく民主的運営を行っている。

② **組織構成と運営** 生協組織は，その根拠法である消費生活協同組合法により

「国民の自発的な生活協同組織の発達をはかり，もって国民生活の安定と生活文化の向上を期すること」と定められている（第1条）。すなわち，他のチェーンストアなどの小売業とは利益を追求しないという点で異なる。出資者は原則組合員であり，かつ，非営利団体であるという点も特徴である。

　さらに，生協ごとに組合員が参加する総会，そして組合員から選出された総代による総代会があり，業務は理事会が行っている。

③ **生協の歴史**　日本の生協は 1879 年につくられた東京の共立商社・同益社，大阪の共立商店といった消費組合の設立に遡る[3]。

　1950 年代以降，高度経済成長による国民の生活水準の向上と SM の発展に伴って，「消費革命」や「流通革命」にいかに対応していくべきかが生協の最大の課題であった。当時，物価上昇への不満，食品添加物や公害問題などが噴出し，日々の生活や購入する商品への不安や不満が高まるなかで，これらの問題に向き合い，組合員の暮らしを支援すべく安心・安全な商品の提供を心がけた生協は SM に駆逐されることなく，ある一定の地位を築くことができた。その後，日本生活協同組合連合会による COOP ブランドが誕生し，SM などの小売業態の発展の流れのなかで，着実に成長・発展を遂げてきたのである。

　1970 年代後半からは，今日の生協の特徴ともいえる「共同購入」が展開されている。

④ **共同購入**　共同購入は，消費者が生協の組合員になることにより利用可能となる。近所に住む数世帯の組合員が班を作り，食料品などをまとめて生協に発注する。班の代表者宅に届いた商品を組合員同士で小分けする仕組みである。しかし，共同購入は，1980 年代後半には成熟期に入り，1990 年代には衰退期に入っていった。班の組織率は低下し，特徴としては薄れていく。代わって個配事業が生協を支える柱となっている。

⑤ **これからの生協**　生協の基本的課題として，消費者が生協に寄せる期待は，食品の安全性，鮮度や品質，品ぞろえの充実などといった確かな品質の商品を豊富に提供してくれることにあり，さらに，消費者のくらし全般を対象と

するサービス，福祉，地域，環境への対応にある。

　消費者の新しい生活様式と価値観に適切に対応するために，商品政策や店舗事業，個配事業などの業態ミックス戦略の策定が求められている。組合員，地域の消費者と生協とのこれまで培ってきたネットワークを念頭に新たな業態革新をデザインしていく必要がある（加藤ほか，2007：163）。

2-2　チェーンストアの基本的役割

2-2-1　チェーンストアの意味

　チェーンストアとは，一般的に，「単一資本で11店以上の店舗を直接，経営管理する小売業または飲食業の形態」（国際チェーンストア協会）と定義される。

　チェーンストアは，店舗を統一的に管理・運営する本部と管理される店舗から構成され，本部は経営方針の立案，仕入や販売にかかわる予算管理や人事管理を決定し，各店舗に効率的な販売業務を実行させる役割を担う。他方で，各店舗は店舗運営に必要な業務である商品の補充発注，接客，ディスプレイ，クリンリネス，従業員の現場教育などを行うことになる。

2-2-2　チェーンストアのねらい

　チェーンストアは各店舗における取扱商品を同一化することによって大量仕入を実現させている。これにより仕入費用を削減し，低価格での大量販売体制を確立することができる。

　チェーンストアの役割は，消費者に安価に商品を供給するとともに，メーカーに対しては多店舗化によるバイイングパワーを発揮することで，仕入原価の引き下げや開発商品の要請などのチェーンストアに有利なさまざまな取引条件を引き出すことが可能である。

2-2-3　チェーンストアの種類

　チェーンストアには，以下のような4つの類型がみられる。

(1) 資本形態による類型

① 単一資本（RC または CC）

② 共同資本（VC）

③ 契約による独立資本（FC）

④ 消費者の共同出資（生協チェーン：COOP）

(2) 商圏規模による類型

① ナショナルチェーン（CVS など）

② リージョナルチェーン（GMS, SM など）

③ ローカルチェーン（SM, HC など）

(3) 店舗形態による類型

① 総合品ぞろえスーパー（GMS）チェーン

② スーパーマーケット（SM）チェーン

③ ドラッグストア（DgS）チェーン

④ コンビニエンスストア（CVS）チェーン

⑤ スペシャルティストア（SS）チェーンなど

(4) 商品分野による類型

① 衣料品チェーン

② カジュアルウェアチェーン

③ 家電ストアチェーン

④ 眼鏡チェーンなど

2-2-4 チェーンストアの特徴

チェーンストアの特徴は，次の5つに要約される。

ひとつめは，チェーンオペレーションである。原則として，単一の資本形態で本部の強力な統制のもとに同一形態の店舗を出店し，それらを運営しなけれ

ばならない。店舗展開において，一定地域に集中出店したり広域地域に店舗を分散させたりと二分化される。

　2つめは，本部集中化である。本部主導による仕入交渉や効率的な棚割開発などにより，各店舗は販売に専念することができる。地域特性に応じた店づくりを目指すチェーンストアもあるが，ローコストオペレーションの観点から本部集中化によるメリットは大きい。

　3つめは，バイイングパワーの発揮である。店舗数の増加により，1品目あたりの商品の注文量が増加する。メーカーや卸売業との商品の取引交渉において発注数の増加はバイイングパワー獲得の源泉となる。これにより仕入商品の値引交渉やPB商品の開発要請などを小売業優位に進めることが可能となる。

　4つめは，自社物流センターの設置である。大手小売業のチェーンストアは，自社物流センターをつくり，メーカーや卸売業者から届いた商品をセンターで仕分けた後，全店に一括納品配送する方式に転換している。これは，卸売業の機能を小売業自らが担う行為で，店舗の作業軽減とコスト削減をねらっている。

　5つめは，情報システムの充実である。小売業ではPOSシステム導入はもとより，店舗運営システム拡充のために，情報システムの充実化を図っている。

2-2-5　チェーンストア経営上のメリットとデメリット

　チェーンストアによる経営上のメリットには，大量仕入による仕入コストの低減，店舗運営の標準化による運営コストの低下，PB商品の導入，知名度の向上，広告宣伝費の削減などがあげられる。

　対照的にデメリットとしては，優秀な人材確保が困難であること，店舗間格差，地域密着性とのすり合わせが難航すること，画一的な店舗運営になること，1店舗のリスクが全店舗に波及すること，などがあげられる。

2-3 販売形態の種類と特徴

2-3-1 店舗販売

　店舗販売とは，ある特定の場所に常設店舗を構えて商品を販売する形態である。「小売業は立地産業」といわれるように，小売業にとって店舗を主体とする販売活動が基本的な形態である。店舗をもたない無店舗販売とは以下の点で異なる。

① 店舗が存在。

② 取扱商品を店内にディスプレイ。

③ 対象顧客は一定の商圏内の消費者。

④ 顧客は店舗に来店し，購買の意思決定。

⑤ 販売員による対面販売やレジ・カウンターで精算するセルフサービス方式。

　商業統計調査（経済産業省，2016：426-427）によると，小売業の事業所は全国に 77 万か所あるが，そのうち店舗販売を行う事業所は約 71 万か所にのぼる。小売業全体に占める店舗販売の事業所数の割合は約 92％となっている。

2-3-2 無店舗販売

　無店舗販売は特定の場所に店舗を構えないで商品を販売する小売形態である。無店舗販売には次のような形態がある。ひとつめは，販売員が家庭や職場を訪問して商品を販売する「訪問販売」である。2 つめは，トラックなどに商品を積み，住宅地や商店街，ビジネス街などの定位置を移動しながら食品を中心に販売する「移動販売」である。3 つめは，カタログ情報誌や雑誌広告など紙媒体を利用したカタログ販売またはダイレクトメール販売，テレビショッピング，パソコンや携帯電話，スマートフォンなどのデバイスを利用するインターネット販売などの「通信販売」である。4 つめは，ジュースやタバコ，ビールなどの自動販売機による販売である。5 つめは，総菜や寿司，ピザ，弁当などの仕出し販売や生鮮野菜や鮮魚などの産直販売，新聞や牛乳などの月極め販売，生協の共同購入方式などの「その他」に分類されるものがある。

　商業統計調査（経済産業省，2016：416-417）によると，小売業における販売形

態別の年間販売額の割合は店舗販売が84.5％で無店舗販売が15.5％となっている。時系列的にみると，無店舗販売，特にインターネット販売の割合が急速に高まっており，店舗販売を行う小売業でもネット販売を併用することにより売上を伸ばしている。

2-3-3　小売業が兼業するネット販売

小売業は，店舗販売を主体にしているが，取扱商品の範囲，立地条件，そして商圏などを考慮しながら，他の販売形態を併用することもある。

たとえば，CVSではインターネットから注文した商品の店頭での受け取りを行ったり，GMSやSMなどではネットスーパーを展開している。

2-4　インターネット社会と小売業

インターネットの普及に伴い，B to B（Buisiness to Business）やB to C（Business to Consumer），C to C（Consumer to Consumer）などによる電子商取引（EC）の利用頻度が高まっている。経済産業省によると，2019年のEC市場規模は，B to Bで352兆9,620億円，B to Cで19兆3,609億円，C to Cで1兆7,407億円と右肩上がりの成長を続けており，EC市場の規模を表すEC化率は6.76％に拡大している。

こうしたEC市場の拡大のなかで，実店舗で商品を確認したのちにオンラインで商品を購入するショールーミングや商品をオンラインで検索してから実店舗を訪れて商品を購入するウェブルーミングといった買い物行動も現れており，小売業はこうした消費者の変化への対応が求められている。そこで，オンラインとオフラインを連携させて購買活動を促進させるO2Oと呼ばれるマーケティング施策が注目を集めている。

③ 店舗形態別小売業の基本的役割

3-1　小売業態の基本知識

　業種と業態の概念は，次のように異なる。業種（kind of business）とは，その店舗の取扱商品を特定分野に絞り込み「何を売るか」で分類するものである。酒屋，八百屋，書店などがこれにあたる。このような小売業を業種店とよぶこともある。

　また，業態（type of operation）とは，「どのような販売形態で売るか」で小売業を分類する方法である。CVS，SM，ドラッグストア（以下，DgS），ホームセンター（以下，HC）などの分類がこれにあたる（番場，2016：56）。このような小売業を業態店とよぶこともある。

　業種店は，商品の種類によって取扱技術が異なるため，類似した商品をまとめて仕入や在庫管理や販売をした方が効率的であるということから生まれた小売業の形態である。他方，業態店では，消費者は感情やその場の状況によって買物行動が大きく左右されるため，消費者のどのような買物状況に対応するかによって同じ商品でも複数の売り方が考えられる。どういった消費者にどのような方法で販売するかという視点から生まれた小売業の形態である。

　近年，業種店が徐々に市場から姿を消している。規模の零細性もさることながら，そのビジネスのあり方が現代市場に適合しなくなったことがあろう。

3-2　店舗形態別小売業の基本知識（専門店）

3-2-1　専門店の定義

　商業統計調査の業態分類によれば，広義の専門店とは「取扱商品において特定の分野が90％以上を占める非セルフサービス販売店」である。専門店は，取扱商品の区分から衣料品，食料品，住関連商品に分かれる。広義の専門店は，呉服店や鮮魚店，金物店などのほぼすべての業種店が対象となる。通常は専業店と呼ばれるような店舗が広義の専門店には含まれる。

　一方，狭義の専門店とは，専業店との対比からその違いを明確に理解するこ

とができる。専門店も専業店も特定の分野の商品を中心に取り扱うことは共通しているが，異なるのは，専業店が「何を売るか」という商品分野へのこだわりにあるのに対して，専門店は「顧客の欲求にどのように応えるか」という顧客ニーズへのこだわりにある点である。

3-2-2　専門店チェーンの事例

① 家電専門店チェーン　家庭用電気製品やパソコン関連製品に取扱品目を絞り込み，大量かつ安価に販売する家電専門店は家電量販店または家電スーパーともよばれる。

　かつて家庭用電気製品は，メーカーの価格支配力が強く，系列店での販売が主流であった。しかし，1980年代頃から，系列を無視して大量仕入，大量販売により圧倒的低価格で消費者をひきつける小売業態として家電量販店が台頭し始めた。メーカーによる希望小売価格も小売店頭価格の安さを強調する手段として用いられ，系列店を中心に販売網を構築してきたメーカーのチャネル戦略は再考が求められるようになっていった。

　その後，家電メーカーは一部の商品を除いて希望小売価格表示を廃止し，オープン価格へと移行していった。さらに，1990年代に入るとパソコンの急速な普及に伴い家電量販店は急速に成長していった。現在，家電販売をめぐる小売市場は家電専門店チェーン上位数社で全販売額の3分の2を占める寡占市場となっている。

② 衣料品専門店チェーン　衣料品を取り扱い，店舗名がブランドとなり，値ごろ感で顧客を引きつける衣料品専門店は衣料品スーパーともよばれる。もともとアパレル業界では，ブランドを保有するのは卸売業であり，メーカーに生産を委託して自らのブランドを付与して販売するのが一般的であった。

　昨今，代表的な衣料品の量販店では，製造から販売までの全過程を管理・統制することにより，消費者情報を的確に製造現場に反映させて時流にあった商品を無駄なく品ぞろえする企業が登場している。このようなアパレル業界における製販一体体制を採用する企業を SPA（Specialty Store Retailer of

Private Label Apparel）とよぶ。代表的な企業として，アメリカの GAP やスペインの ZARA，スウェーデンの H&M，日本のユニクロなどがある。

3-3　店舗形態別小売業の基本知識（百貨店）

3-3-1　百貨店の歴史

　世界で最初の百貨店として，1852 年にフランスのパリで創業した「ボン・マルシェ」が広く知られている。創業当初は安売り店としてスタートしたが，徐々に高級品を取り扱うようになり現在の形態となった。

　百貨店は，すべての消費者に表示された価格で販売する正札販売を先駆けて行った小売業態でもある。日本の百貨店は古くは江戸時代期の呉服店を起源とするものが多く，たとえば，三越百貨店は 1673 年に創業した越後屋呉服店が起源である。[4]

　戦前はこうした老舗呉服屋系の百貨店が中心であったが，その後，私鉄各社が沿線住民を主たる顧客層に取り込んだ電鉄系百貨店を展開するようになった。百貨店の取扱商品は高級品を中心とする豊富な品ぞろえと質の高いサービスにあったが，経済発展に伴う所得向上を背景に百貨店の売上は急速に高まっていった。

　1960 年代に入ると，GMS が台頭し，百貨店の取扱商品に似せた低価格商品を取り揃え，安さを武器に百貨店を追い上げた。

　1990 年代には，売場面積の拡大を進めてきた百貨店はバブル経済破綻の影響を受けて多額の負債を抱え，事業縮小，倒産，閉店を余儀なくされていく。消費者ニーズの多様化と低価格競争の進展，衣料品専門店チェーンとの異形態間競争により百貨店の業績は次第に悪化し，2007 年以降，大手百貨店や大手小売企業グループによる経営統合が進み，百貨店業界の再編が進んでいる。

3-3-2　百貨店のマーチャンダイジング

　百貨店の取扱商品は衣料品を中心とした服飾雑貨や室内用品，ギフト用品が中心である。近年，注力している売場が食料品部門である。百貨店の駅前立地

の特徴を生かして，仕事帰りの人やショッピングに来店する消費者を対象に総菜やデザート関連，生鮮食品などを展開して売上を伸ばしている。こうした売場の多くが地下階にあることから，「デパ地下」とよばれる。

　日本百貨店協会（2019）の調べによると，商品別の売上高構成比は衣料品が29.3％，食料品が27.7％を占め，これら2つの商品カテゴリーは百貨店売上の約6割を占めている[5]。

　また，他店との差別化を図るために，百貨店独自のPB商品を開発するなど，百貨店の知名度や信用度をブランドイメージに付与して販売する特徴あるマーチャンダイジングを行っている。

3-3-3　百貨店の販売形態

　日本の百貨店の取引慣行の特徴の1つに，委託販売がある。委託販売とは，メーカーや卸売業者などに売場を提供して商品を販売する方法である。百貨店の委託販売方式ではメーカーへの返品が可能なため，百貨店は在庫を抱えるリスクを負わないというメリットがある。他方，販売した分だけ百貨店の収入として計上されるが，買取販売と比べて粗利益額は少なくなるというデメリットもある。

　近年，委託販売は見直しされるようになっている。その要因のひとつが，どの百貨店も人気ブランドの取り扱いをするため同質的な品ぞろえとなってしまい差別化ができなくなっているからである。そのため，最近では粗利益率の高い一部の商品やPB商品などについては，ある程度のリスクを負いながら完全買取で仕入れて消費者ニーズに対応した品ぞろえを行う自主マーチャンダイジング（自主MD）を導入する百貨店も増えている。

　次に，百貨店担当者が上得意の顧客のところに出向いて商品を販売する外商も日本の百貨店の販売形態の特徴のひとつである。外商には，企業を対象とする法人外商と個人を対象とする個人外商の2つがある。

　法人外商は，イベントや中元，歳暮の時期に利用されることが多く，他の店舗形態にはない特徴をもつことから，百貨店の売上のなかでも重要な位置を占

めている。しかし，近年の企業のコスト削減方針により法人外商の販売額は低下の一途をたどっている。

3-3-4 百貨店の店舗展開・運営

デパートメントストアと百貨店がよばれるのは，department＝部門（たとえば，衣料品，身のまわり品，雑貨，食料品など）ごとに商品管理を行うことに由来する。この部門別商品管理はチェーンストアと共通するが，百貨店がGMS などのチェーンストアと異なるのは店舗ごとに運営する点にある。

百貨店が店舗ごとに運営を行う理由は，商圏内に集中的に出店するドミナント展開ではなく，高い人口密度の都市に1店舗ずつ出店するからであり，本部集中での管理が困難なことによる。したがって，商品の仕入は地域性を考慮して各店舗ごとに行われる。

百貨店は収益性を高めるために分社化するケースが多く，地域の実情に合わせた賃金水準や営業体制に改め，経営コストの圧縮を図っている。

3-4 店舗形態別小売業の基本知識（総合品ぞろえスーパー：GMS）

3-4-1 総合品ぞろえスーパーの定義

アメリカの GMS（General Merchandise Store）とよばれる店舗形態を基本として，SM の品ぞろえや運営方法を加えた総合品ぞろえ型の店舗形態である。日本では GMS またはスーパーストアとよばれ，その地域の主たる住民である家族を対象にして，SM より回転率の低い生活必需品をワンストップ・ショッピングで提供する小売業態である（安土，1987：204）。

元来，アメリカで発展してきた GMS は家庭で消費・使用される非食品のなかで，車を除いた商品を取り扱っていた。しかし，日本の GMS は食品を扱っているのが特徴で，次節で述べる SM との商品領域が曖昧となっている。

商業統計調査において GMS は業態分類上「総合スーパー」に属する。すなわち，衣・食・住関連の広範な商品を販売する，売場面積の大きいセルフサービス販売方式の店舗形態である。

3-4-2　チェーンストアによる売上拡大

　GMSにおいては，すべてチェーンオペレーションを採用している。衣・食・住の広範囲にわたる商品を大量に仕入れ，大型の店舗で大量に販売するためにはスケールメリットが不可欠となる。

　一部の商品を除いて，仕入先企業との交渉は本部で一括して行い，店舗は消費者への販売に専念する。本部は各店舗からの販売情報をもとに仕入や店舗運営の基本的な方針を考える。この本部と各店舗の相互作用がチェーンオペレーションの利点のひとつである。

　また，出店においてはRC方式での出店が多く，スケールメリットによる資本力強化を目指している。

3-4-3　総合品ぞろえスーパーの歴史

　1950年代後半には，関西でダイエー（当時，主婦の店ダイエー薬局）が化粧品や薬品の取扱から品目を徐々に拡大させつつ複数店舗のチェーン展開を開始した。また，関東でイトーヨーカ堂（当時，ヨーカ堂）が衣料品主体の大量販売方式を志向して1960年代初頭からチェーン化を進めた。これらの動きが後のGMSの基礎となっている。

　1955年頃からはじまる高度経済成長はGMSの拡大・発展を後押しした。当時の消費者の商品への欲求は多種多様な商品が低価格で売られていることにあった。こうした消費者ニーズに適合した商品を取り扱うGMSの店舗数は急速に拡大し，店舗も大型化していった。そして，1972年にはGMSの年間販売額が百貨店のそれを超え，小売業でナンバーワンの売上を誇るまでに成長した。

　しかし，1980年代頃から次第に成長のスピードが鈍化しはじめる。その要因には，消費者の欲求が次第に量的欲求から質的欲求へと変貌したことにある。この打開策として講じた一部売場への対面販売方式の導入や異業種への参入，ファッションビルの運営，不動産，リゾート開発などの経営の多角化を進めた結果，1990年代前半のバブル経済の崩壊とともに，付け焼刃の脆弱性を露呈し，企業の存続を揺るがす事態を生じさせた。

　2000年代に入ると，地価の高い地域でアップグレードの店舗を構え，人件費のかかる対面販売を行う高コスト体質のGMSを取り巻く環境はますます厳しくなっていった。かつては売上高ランキングで上位の常連だった企業群が相次いで倒産や経営統合していくことになった。もちろんすべてのGMSが不振に陥ったわけではなく，企業によりその明暗が大きく分かれた。

3-4-4　店舗の基本スタイル

　初期のGMSにおいては，駅前などの中心市街地の商業集積地に出店することが多かったが，モータリゼーションの普及と住宅立地の郊外化，また，市街地では一定規模以上の売場面積の確保が容易ではないことから次第に郊外に巨大な店舗を構えるケースが増えていった。

　GMSの郊外出店は，郊外地域への居住に対する魅力をも増加させ，さらなる郊外への人口移動の促進に寄与した。郊外で暮らす住民が増えはじめると，GMSはそうした地域におけるコミュニティの中心としての機能を高めるようになっていった。また，郊外出店により成功を収めるとこれを契機に新たな郊外地域に出店するという，店舗拡大のシナリオが次々と実行されたのである。

　さらに，大規模小売店舗法（2000年廃止）により大型店の出店が規制されていたため，GMS内に魅力ある地域の小売店を迎え入れるテナント形式が一般的となった。これを発展させたのが，GMS自身によるショッピングセンター（以下，SC）の開発である。広大な土地に，自らがSCをつくり，GMSを核店舗として開設し，人気テナントを募集する。これにより顧客誘引を図りながら規模を拡大させていったのである。

3-5　店舗形態別小売業の基本知識（スーパーマーケット：SM）

3-5-1　スーパーマーケットの定義

　商業統計調査における業態分類では，SMは「専門スーパー」に分類され，次のように定義される。取扱商品において衣・食・住のいずれかが70％を超え，店舗面積250m² 以上のセルフサービス方式で販売する小売店舗である。

　一般的には，専門スーパーのうち，生鮮食料品を含めた食品の取扱構成比が70%を超える食料品スーパーのことをSMとよぶ。また，チェーン展開されているかは問わず，独立経営の店舗であっても上記に該当すればSMである。

3-5-2　セルフサービス販売方式と食料品

　戦前の日本の小売業界は，少数の百貨店と多数の零細小売店が存在しており，販売方法には対面販売方式が採用されていた。当時，アメリカではレジスターの普及が進み，セルフサービス販売が主流であったが，これに遅れること日本初の食料品のセルフサービス販売店は，1953年に東京・青山に開店した紀ノ国屋といわれている。

　セルフサービス方式は「顧客が販売員に気兼ねなく自由に選んで買物ができる」ため急速に普及していった。当初は小規模店にのみみられたが，1956年には今日のSMに類似した総合食料品を扱う店舗として福岡県・小倉に丸和フードセンター（390m²）が開設された（石井, 2003 : 222）。

　1958年には社団法人日本セルフ・サービス協会（現・一般社団法人新日本スーパーマーケット協会）が設立されSMの定義づけを行っている。いまは「SMはセルフサービス販売方式の総合食料品店である」と広く認識されている。

3-5-3　チェーン方式と安売り

　チェーン方式を採用するSMのなかでも，低価格販売を志向するSMや高級品のみを扱うSMが存在するように，チェーン方式と安売りは必ずしも併用されるものではない。多店舗展開し低価格で販売するSMは多くの場合，大手チェーンストアがSMを運営するにあたって採用した企業戦略である。

　元来，SM業態における各企業の戦略の違いは，店舗規模の拡大を目指してチェーン化を志向したり，商品を低価格に設定することで薄利多売を志向したり，あるいはこれらを同時に志向したりする各企業の経営上の意思決定の違いから生じる。SMは取り扱う商品の特性上，地域に根ざした商業活動を基本と

図表1-3　HCの市場規模と店舗数の推移

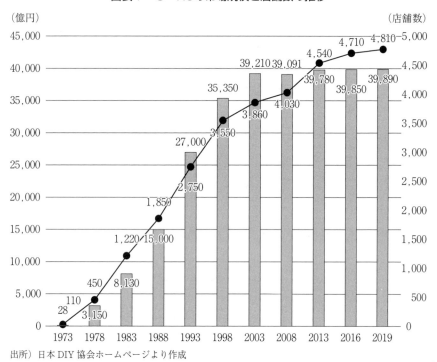

出所）日本 DIY 協会ホームページより作成

し，限られた商圏や地域内での生存競争の中で差別化しながら地道な経営を行っている。

　1990 年以降のバブル経済崩壊による長期的な景気低迷は大手チェーンストアにも多大な影響を与え，相次ぐ倒産や事業譲渡などをもたらしたが，SM 業態においてはこの時期比較的安定した経営状況を維持していた。

3-6　店舗形態別小売業の基本知識（ホームセンター：HC）

3-6-1　HC の歴史

　日本の HC の歴史は，タクシー事業を展開していた日之出自動車の当時の社長が，アメリカを視察した際にホームセンターに興味をもち，1972 年に埼玉県与野市（現・さいたま市）に，日用大工用品，木材・建材を中心に品ぞろえ

したドイト与野店（当時）を開業したのがはじまりである。

　当時の主要な生活環境の変化に，余暇時間の増加とそれに伴う趣味に時間を費やす人口の増加があげられる。なかでも，日曜大工や園芸などの愛好家が増えはじめたのがこの頃である。しかし，日曜大工用品を購入するためには，零細な日曜大工専門店か金物・荒物雑貨店，材木店などしかなかった。また，家財の補修を自らが行うことなども風潮として生まれてきた。こうした変化のなかで HC の原初的形態が日の目をみることとなったのである。

　HC の市場規模と店舗数は，その台頭以降急速に拡大・発展してきたといえる（図表 1 - 3 参照）[6]。

3-6-2　品ぞろえの特徴

　日本の HC は，日曜大工用品のみならず，趣味全般をサポートする店舗として登場した。欧米では木材，建材，資材などの素材関連，道具，工具，金物，塗料などの取り扱いが中心であるが，日本の HC では，それらに加えて，園芸，ペット，自動車関連用品などの商品群が取扱品目となっている。

　これらの商品カテゴリーに対する HC が果たした役割はきわめて大きかった。園芸用品は，それまで切花専門店または農業協同組合や園芸農家が経営する一部の専門店でしか扱われることはなかった。そのため，植物だけでなく，土，肥料，薬剤などの幅広い品ぞろえは園芸愛好家の裾野を広げ購買需要を喚起した。またペット用品においてもペットフードやアクセサリー用品の販売に大きく寄与している。一方，自動車用品はその専門店チェーンの台頭により売場面積を縮小していくこととなった。

3-6-3　売場の拡大と新しい部門への挑戦

　HC の店舗規模は当初 150 ～ 300 坪が主流だったが，取扱品目数の拡大とともに店舗の大型化が進行した。近年では約 1 万m² （3,000 坪）の HC も増え，スーパー HC や食料品部門を追加したスーパーセンターとよばれる店舗形態で展開する企業が注目されている。

売場の拡大と取扱品目の拡大に伴って多様な消費者ニーズへ対応する傾向がみられる。そのひとつがプロ需要への対応である。建築業者のための専門特化した品ぞろえに注力する HC もある。

いまひとつが農業用資材への取り組みである。これまで農業用資材は農業協同組合を通じて販売されてきたが、より安価に購入できる HC への期待が大きい。

多様な消費者ニーズへの対応と取扱商品拡大の一方で販売におけるオペレーション上の課題も出てきている。それが掛け売りの可否である。会員制やカードビジネスに取り組む HC も多くあらわれており、また、リフォーム事業に乗り出す HC も増えている。

3-7 店舗形態別小売業の基本知識（ドラッグストア：DgS）

3-7-1 DgS の歴史

日本での DgS の展開は 1970 年頃にはじまる。アメリカから持ち込まれたこの店舗形態は、医薬品が商品構成の主体ではなく生活必需品を中心とする品ぞろえのうえに、さらに「医薬品もあります」という取り扱いが特徴であった。日本の薬局や薬店などの業種店では、薬を目的買いする顧客のみが来店していたため、来店者数はきわめて少数に限定されていた。そのため、全国の有力な薬局や薬店は DgS にこぞって業態転換していった。

1980 年代になると、多様な店舗形態として DgS が乱立する状況のなかで、DgS 間の価格競争が激化していった。1990 年代に入ると、有力な DgS チェーンは生き残りを図るため差別化戦略としてヘルス＆ビューティケア（以下、H&BC）を志向して多店舗展開を図っていた。この頃になると大手チェーンストアも DgS ビジネスの成長性に着目し、M&A などにより多店舗展開をはじめ、日本型 DgS が急速に拡大していった。こうした状況を受けて、1999 年には日本チェーンドラッグストア協会が発足した。

今日では、医薬品を扱う小売店舗は多様化し、さらに改正薬事法施行に伴い DgS は新たなビジネスモデルの確立が課題となっている。

3-7-2　DgS の定義と現状

　商業統計調査の業態分類では，「医薬品・化粧品小売業」に分類され，次のように定義される。DgS とは，一般用医薬品を取扱いセルフサービス販売をする小売店舗である（経済産業省，2016：1022）。

　DgS は H&BC カテゴリーを主体に販売する専門業態で，国が推進するセルフメディケーションの推進役としての真価が問われている。

　しかし，現実には粗利益率の高い医薬品などの販売により得られた利益を食品や日用品，生活雑貨などの生活必需品の低価格販売のための原資にまわして来店客を増やし，売上を高める経営を行っているのが実情であり，セルフメディケーションの推進役としての大義名分の陰で低価格競争への対応が行われている。

　また，2009 年の改正薬事法により，一般用医薬品は第 1 類から第 3 類までに分類され，新設された「登録販売者」が第 2 類と第 3 類医薬品を販売できるようになっている。改正薬事法施行後は，薬剤師に代わって登録販売者が一般用医薬品のほとんどを販売できるようになり，一般用医薬品の第 2 類と第 3 類を中心に販売する DgS が店舗網の拡大を進めている。

3-7-3　DgS の特徴

　DgS での売れ筋商品は医薬品よりも化粧品，健康食品，トイレタリー商品である。こうした H&BC カテゴリーを主体とする品ぞろえは女性消費者のニーズに対応するものであり，主要ターゲットが女性であることを明確に示している。

3-8　店舗形態別小売業の基本知識（コンビニエンスストア：CVS）

3-8-1　CVS の歴史

　全国各地の食品卸売業が中心となり，1960 年代後半以降，卸主導型のボランタリーによる CVS チェーン化が模索された。1972 年には，流通近代化を目指す中小企業庁が『コンビニエンス・ストア・マニュアル』を発行し，特に問

図表 1 - 4　CVSの売上高と店舗数の推移

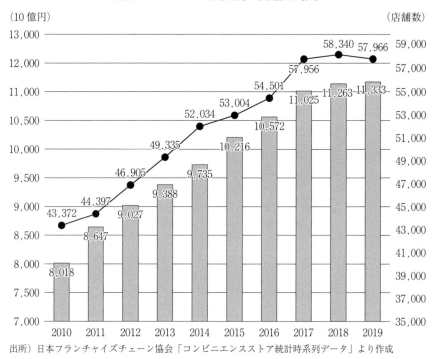

（10 億円）　　　　　　　　　　　　　　　　　　　　　　　　　（店舗数）

出所）日本フランチャイズチェーン協会「コンビニエンスストア統計時系列データ」より作成

屋や大手スーパーが積極的に CVS の導入を目指した。

　卸売業による CVS チェーン化は神戸の丸商が 1968 年 12 月に始めたのを契機に，1971 年には本格的なチェーン展開が行われ，橘高主宰の K マート（京都府）の開店をはじめとして，いずみフードチェーンのココストア（愛知県），丸ヨ西尾のセイコーマート（北海道）などが相次いで出店した。

　小売系では 1973 年に，株式会社ヨークセブン（現・株式会社セブン-イレブン・ジャパン）が設立され，1974 年に FC 方式による 1 号店が東京・豊洲にオープンしたこの頃が CVS の胎動期とされる。

　当初，CVS の定義が定まらず，日本経済新聞社が 1973 年に実施した「第 1 回コンビニエンスストア調査」では，「年中無休はきわめて少なく，営業時間は 12 時間程度，ボランタリー方式が多く，生鮮食料品の比率が 3 分の 1 を占

図表1-5　CVS商品構成表

商品構成	内容例
日配食品	カウンター商材（コーヒー，揚げ物，中華まん等），米飯類（おにぎり，弁当，寿司等），パン，調理パン，惣菜，漬物，野菜，果物，水物（豆腐等），調理麺，卵，加工肉（ハム，ウインナー，ベーコン等），牛乳，チルド飲料，乳製品（バター，チーズ等），練物（ちくわ，かまぼこ等），生菓子（ケーキ等の和洋菓子），サラダ，デザート類（プリン，ゼリー，ヨーグルト等）等
加工食品	菓子類（生菓子を除く），ソフトドリンク（乳飲料を除く），アルコール飲料（ビール，日本酒，焼酎，ワイン等），調味料（食塩，砂糖，味噌，しょう油，うま味調味料，ソース等），嗜好品（コーヒー，お茶等），米穀，乾物，各種の缶・瓶詰類，冷凍食品，アイスクリーム，レトルト食品，インスタント食品等
非食品	たばこ，雑誌，書籍，新聞，衣料品，袋物類，文具類，玩具，雑貨，ペットフード，乾電池，テープ，CD，フィルム，電球・蛍光灯，電卓，燃料，サングラス，園芸用品，ゲームソフト，花火，洗剤，化粧品，医薬品，医薬部外品栄養ドリンク，紙製品，切手・はがき・収入印紙，装身具等
サービス	POSAカード[7]，コピー，ファクシミリ，宅配便，商品券，ギフト券，各種チケット，テレフォンカード，宝くじ，D.P.E，レンタル，乗車券，航空券，宿泊券，クリーニング等

注）サービスには，電力料金，ガス料金，放送受信料，電話料金，水道料金等の公共料金等の収納代行は含まない
出所）日本フランチャイズチェーン協会「コンビニエンスストア統計調査月報」2017年11月度

める」が実態であった（金，2001，20-21）。つまり，当時のCVSは今日のミニスーパーと類似した店舗形態が一般的であった。

　時代の変化とともに消費者のコンビニエンス＝利便性の基準が大きく変容し，その変化に的確に対応してきたCVSはその後，急成長を遂げていくことになる（図表1-4参照）。1982年には商業統計調査にCVSが加わり，小売業態としての一定の地位を確立した時期といえる。

3-8-2　店舗としての特徴

　商業統計調査の業態分類では，CVSを「セルフサービス方式で飲食料品を取扱い，売場面積30m^{2}以上250m^{2}未満で営業時間14時間以上の小売店」と定義している（経済産業省，2016：1014）。

　取扱商品のなかでも日配食品と加工食品などの飲食料品は売上高の約7割を占め，弁当やおにぎりはCVSが新しい日本の食文化を生み出したといっても

過言ではない（図表1−5参照）。これらは保管や保存がきわめて難しい商品群であるが，CVSを代表する商品に成長したのは，的確な販売予測を可能にするPOSシステムの早期導入や専用の生産工場を設けるなどの経営努力によるものである。

今日，大手のCVSは，ほとんどが24時間営業を行っており，現代の消費者の利便性への欲求に応えるために，あらゆる消費者の生活スタイルに適合できるように営業時間を拡大させてきたのである。

また，限られた店舗面積のなかで，いかに消費者に飽きられない店づくりをするかがCVSの最大の課題である。商品アイテムを増やすには空間的制約があるため，近年，無形のサービスの取り扱いの充実化を図っている（図表1−5参照）。最大手のCVSにおいては，商品販売額より，サービスの収納取扱金額の方が大きい。

3-8-3　運営上の特徴

CVSの運営は，情報システムの活用による精度の高い売上予測や効率的な受発注業務を遂行している。「何が何個売れたか」だけではなく，「どんな人がいつ，何を，何個買っていったか」という消費者の詳細な情報の把握に努めている。

FC方式を展開するCVSは1チェーンあたりの店舗数がきわめて多く，しかも全国に展開されている。これにより，日本各地のさまざまな消費者の購買動向が把握できる強みをもっている。こうした各地域の加盟店から収集した情報を分析し，地域ごと，店舗ごとに最適な品ぞろえと物流体制を組み立てる単品管理システムを構築している。

また，多品種少品目少量の品ぞろえを実現するための，迅速かつムダのない受発注と物流が生命線である。そのため，CVS本部は情報インフラの整備に巨額の投資をすることで高度な情報システムを構築している。

3-9　店舗形態別小売業の基本知識（その他の店舗形態）

3-9-1　ディスカウントストア（DS）

ディスカウントストア（以下，DS）とは，食料品，生活用品，衣料品，家庭用電気製品からその他耐久消費財に至るまで，品ぞろえのフルライン化と低コストでの店舗運営の実現により，継続的に低価格で販売する店舗形態である。

日本における初期のDSは家庭用電気製品やカメラなどの一部の商品に特化した小型のDSチェーンと住居関連製品を販売するディスカウンターと分かれていた。当時，低価格での販売を実現するために，質流れ品やバッタ商法などによる闇ルートからの商品調達なども横行し，欠陥商品を販売するDSもあった。

今日，大手のDSはメーカーの過剰生産品を販売する重要な販路としての役割を得ている。しかし，日本のDS企業の多くがローコストオペレーション経営のノウハウをもっていないため，品ぞろえのフルライン化による本格的なDSは多店舗展開には至っておらず，バイイングパワーを発揮した経営が行われていないのが実情である。

3-9-2　100円ショップ

DSの一形態で店内の多くの商品を100円で販売する小売店である。アメリカのダラーショップが起源で，日本では1990年代頃から台頭してきた。

その後，「安かろう悪かろう」のイメージを払拭し，急速にチェーン展開をはじめ，今日では生活に密着した生活必需品を取り扱う店舗に進化し，消費者の間で定着している。統一単価にすることでの「衝動買い」や「ついで買い」の促進に加え，レジ作業や事務作業の簡素化によるコスト削減が特徴である。

また，大手のチェーンでは売価100円にこだわらず，差別化するために独自商品を開発したり，他の企業とのコラボレーションによる商品開発を行ったりすることで付加価値の高い商品を販売する動きもみられる。

3-9-3 アウトレットストア

アウトレットとは「出口」「はけ口」などの意味をもつ。もともとはブランド品の売れ残りや流行・季節はずれの商品，きず物などを格安で売りさばく在庫処分店を意味する。アメリカで発達したアウトレットは出荷の便利さからも工場近隣に立地することが多く，市場価格の数十％引きで販売されていた。

近年，日本でもアウトレットが多数出店するようになったが，その多くは郊外に複数のアウトレットストアが意図的に集まり，アウトレットモールとよばれる商業集積を形成して出店し，多くの消費者に認知される存在となっている。

3-9-4 セレクトショップ

多様なブランド商品を扱う品ぞろえ専門店のなかでも，経営者が特にこだわりをもって一定基準のブランド商品を集めて販売する店舗である。

4 商業集積の基本

商業集積とは，小売業やサービス業，飲食店などが一定の場所や地域などに集中して立地する状態のことをいい，自然発生的に形成された商店街と，デベロッパー（開発業者）などによって計画的に開発されたSCがある。

4-1 商店街の現状と特徴
4-1-1 商店街の変遷
(1) ライフステージ別にみた商店街の変遷

商店街は，これまで以下のようなライフステージを経てきた。

① 創生期

- 前期（街区形成期）　行商ではなく，一定の場所に店舗を構える小売業が発生したのは江戸時代からである。そして，明治時代以降になると店舗が軒を連ねるようになっていく。

- ・後期（共同化取り組み期）　明治 30 年代頃から各地において商店会がつくられ，街灯の管理や「売り出し」が共同で行われるようになり，大正から昭和初期にかけて，広域から集客する商店街も形成された。

② 成長期　人の往来が絶えない寺社の門前，主要街道沿い，停留所近隣，駅前，闇市催場，住宅街などに多種多様な業種店が軒を連ねて成長していった。

③ 衰退期　近年，人口の郊外移動やモータリゼーションの普及，大型店の郊外展開，商圏人口の減少などの外部環境要因の変化や経営者の高齢化や後継者問題，商店街組織としての結束の緩み，共同事業への消極化などの内部環境要因などにより，商店街は停滞または衰退するところも増え，商店街内の店舗の廃業や，空き店舗の増加などが深刻化している。

(2)　国による商店街振興施策の変遷

① 商店街の近代化　戦前から 1950 年代までについては商店街を対象とした国による施策はきわめて限定的であった。しかし，1960 年代以降，中小小売業政策が保護政策から振興政策へと転換し，さらに流通近代化政策が実施されるようになると，商店街振興を目的とするさまざまな施策が講じられるようになった。

それは「商店街近代化制度」の名のもとに実施された販売促進などの共同事業支援やアーケードや街路舗装などの環境整備事業支援である。

② 法人化による助成　国による振興施策の受け皿として，商店街に立地する小売業を振興組合として組織化し，法人化することを目的とする商店街振興組合法が 1962 年に制定され，共同事業や環境整備事業に対する資金助成が行われるようになった。

③ 高度化による助成　1973 年，商店街振興策とその他の中小小売業に対する振興策を合わせた中小小売商業振興法が制定された。この振興指針の中心に位置づけられたのは事業の共同化であり，① 商店街整備計画，② 店舗共同化計画，③ 連鎖化事業計画の 3 つを柱とした高度化事業計画である。

　総じて，1980 年代までは環境整備事業などのハード面に重点が置かれて
きたが，1990 年代以降は情報機器の活用などのソフト面や，コミュニティ
施設の整備など地域社会とのかかわりを重視するものへと次第に変化してい
った。

④ まちづくりの展開　1990 年代に入ると大型店の郊外出店が加速し，中心市街
地が急速に衰退していった。中心市街地の活性化は単なる商店街問題ではな
く都市問題として取り組むべき課題へと発展し，1998 年には地域の実情に
あったまちづくりを行うべく「まちづくり三法」が制定された。

　まちづくり三法とは，都市計画法，大規模小売店舗立地法，中心市街地活
性化法の総称で，都市中心部の商業などの賑わいを再生するための支援策を
3 つの法律により相互補完的に講じる法律であった。しかし，中心市街地の
衰退には歯止めがかからず，結果として目にみえる効果は得られなかった。

　こうした状況を背景に，社会の変化に対応した中心市街地における都市機
能の増進及び経済の活力の向上を総合的かつ一体的に推進するという法目的
を明確にした改正まちづくり三法（2006）が施行された。地域における社会
的・経済的及び文化的活動の拠点となるにふさわしい魅力ある市街地の形成
を図ることを目指して，地方公共団体，地域住民及び関係事業者が相互に密
接な連携を図りつつ主体的に取り組むことを推進している[8]。

4-1-2　商店街実態調査にみる商店街の現状

　近年，大型商業施設の郊外進出やインターネット販売などによる購買機会の
多様化，中心市街地の人口減少など商店街を取り巻く経営環境は厳しい状況下
にある。こうした変化のなかにある商店街の現状を把握する資料として，中小
企業庁が 1970 年から調査を開始している「商店街実態調査報告書」がある。
以下，2018（平成 30）年調査報告書に基づき，商店街の現状をみていこう（中小
企業庁，2018：1-259）。

(1)　商店街の概要

① **商店街の数と組織形態**　日本の商店街は全国に 12,096 か所あり，その内訳は商店街振興組合法に基づく「商店街振興組合」が 2,040 か所（構成比 16.9％），中小企業等協同組合法に基づく「事業協同組合」が 949 か所（構成比 7.8％），その他の法人が 39 か所（0.3％），非法人である任意団体が 9,068 か所（構成比 75.0％）となっている。

② **商店街の全体の店舗数と会員（組合員）数**　商店街を構成する全店舗数の平均（空き店舗を含む）は 1 商店街あたり 50.7 店で，2016 年の前回調査（平均 54.3 店）と比べると，3.6 店減少している。また，商店街のタイプ別にみると，近隣型商店街が 42.5 店（前回調査比 2.1 店減），地域型商店街が 54.2 店（同 5.7 店減），広域型商店街が 87.1 店（同 0.7 店減），超広域型商店街が 132.8 店（同 34 店増）となっている。

　　また，商店街を形成する会員（組合員）数の平均は 40.6 人で，前回調査（平均 41.3 人）から 0.7 人減少している。

③ **商店街の空き店舗状況**　商店街における空き店舗数は，平均で 5.33 店であり，空き店舗率は 13.77％となっている。

　　空き店舗率の分布をみると，特に人口規模の小さな都市の商店街ほど空き店舗率が高くなる傾向がみられる。また，空き店舗が減少しない理由として「店舗の老朽化」（40.0％），「所有者に貸す意思がない」（39.2％），「家賃の折り合いがつかない」（29.0％）となっている。

　　さらに，今後の空き店舗の見通しは，「増加する」（53.7％），「変わらない」（29.5％）の回答がおよそ 8 割となり，空き店舗問題の構造的な深刻さがうかがえる。

④ **商店街の景況**　商店街の景況をみると，「繁栄している」が 2.6％，「繁栄の兆しがある」が 3.3％となっている。一方，「衰退している」が 37.5％，「衰退の恐れがある」が 30.2％となっている。「まあまあである（横ばいである）」との回答は 23.5％である。全体の約 7 割が商店街の衰退または衰退傾向を危惧する状況にある。

こうした商店街が抱える課題には，「経営者の高齢化による後継者問題」が64.5％ともっとも多く，次いで「店舗等の老朽化」が38.6％と，有効な手段を見出せず苦悩する商店街の姿がうかがえる。

4-2　ショッピングセンター（SC）の定義と変遷

4-2-1　SC の定義

SC とは，デベロッパーなどにより計画的に造成された商業集積のことをさす。

日本ショッピングセンター協会では，SC を次のように定義している。SC とは「1つの単位として計画，開発，所有，管理運営される商業・サービス施設の集合体で，駐車場を備えうるもの」とされ，以下の要件を備えることを必要とする。

- 小売業の店舗数は，$1,500m^2$ 以上であること。
- キーテナントを除くテナントが 10 店舗以上含まれていること。
- キーテナントがある場合，その面積が SC 面積の 80％程度を超えないこと。ただし，その他のテナントのうち小売業の店舗面積が $1,500m^2$ 以上である場合には，この限りではない。
- テナント会（商店会）などがあり，広告宣伝，共同催事などの共同活動を行っていること。[9]

4-2-2　SC の集客効果

商業集積は，集積することにより集客効果が高まるが，その効果を最大限に発揮するためには以下の点を重視する必要がある。

① テナントの業種・業態構成　客層や来店目的を考慮し，それらに対応できるテナントを誘致しなければならない。

② テナントの業種店舗配置　客層や来店目的が近い業種であっても，小売店の配置は，顧客の購買目的に合わせた利便性の高い組み合わせでの店舗配置が必要である。

③ テナントの営業時間　出店するテナントは，可能な限り営業時間の標準化を図る必要がある。

このほか，広告宣伝や催事などの販売促進活動も，出店するテナントで一斉に実施するほうが，効果的な集客を期待できる。

4–2–3　日本の SC 発展の軌跡

日本の SC が本格的に発展してくるのは 1960 年代後半以降である。日本ショッピングセンター協会の「SC 年間販売統計調査」(2019) によれば，日本のSC 総数は 2019 年末現在，3,209 か所ある。SC 総面積は 5,365 万 1,811m^2，施設内で営業するキーテナントおよびテナント数は 16 万 3,437 店である。[10]

SC 総売上高は推計で 31 兆 9,694 億円である。小売業全体の年間販売額の122 兆円に対して約 25% を占め，日本における主要な小売業態といえる。

SC はこれまでの日本経済の発展とともに成長してきた。そうした SC 開発は都心型開発と郊外型開発という 2 つの流れがある。都心型開発では市街地の駅前を中心に複合商業集積として発展してきた。また，郊外型開発では都市圏で顕著にみられる人口の郊外化（都市のスプロール化）に伴って，主要な幹線道路沿いに巨大な複合商業集積として発展してきた。こうして，1970 年には184 か所だった SC は 2019 年時点で 3,209 か所にまで拡大・発展してきた。

さらに，次のような多様な SC の形態を生み出してきたことも特徴的といえよう。

たとえば，新宿ルミネなどの駅ビルや地下街の「駅ビル・地下街型 SC」，PARCO に代表される核店舗のない「ファッションテナントビル型 SC」，ららぽーとや玉川高島屋のような百貨店，GMS，専門店が一体となった広域商圏型の「リージョナル型 SC」，郊外に多く GMS が核店舗となった地域商圏型の「コミュニティ型 SC」，SM や DgS などの生活密着型店舗形態を組み合わせた小型で近隣型の「ネイバーフッド型 SC」，アウトレットモールやパワーセンターなどのオフプライス店集合型の「価格訴求型 SC」，六本木ヒルズ，東京ミッドタウンなどの高級ホテルや商業・サービス施設等を含む大型複合施設の「都

46

心立地の複合型 SC」など多様な形態の SC がある。

注

1）日本ボランタリーチェーン協会（https://www.vca.or.jp/　2020 年 11 月 29 日アクセス）
2）日本フランチャイズチェーン協会（http://www.jfa-fc.or.jp/　2020 年 11 月 29 日アクセス）
3）日本生活協同組合連合会（http://jccu.coop/　2018 年 1 月 17 日アクセス）
4）三井広報委員会（http://www.mitsuipr.com/　2018 年 1 月 17 日アクセス）
5）日本百貨店協会（http://www.depart.or.jp/　2020 年 11 月 29 日アクセス）
6）日本ドゥ・イット・ユアセルフ協会（http://www.diy.or.jp　2020 年 11 月 29 日アクセス）
7）POSA（Point Of Sales Activation）カードとは，POS レジでの決済完了後に対象カードを有効化する技術を用いたカードのことである。
8）国土交通省（http://www.mlit.go.jp/　2018 年 1 月 17 日アクセス）
9）日本ショッピングセンター協会（http://www.jcsc.or.jp/　2020 年 11 月 29 日アクセス）
10）日本ショッピングセンター協会（http://www.jcsc.or.jp/　2020 年 11 月 29 日アクセス）

引用・参考文献

安土敏『日本スーパーマーケット原論』ぱるす出版，1987 年
石井寛治『日本流通史』有斐閣，2003 年
加藤義忠・齋藤雅通・佐々木保幸『現代流通入門』有斐閣，2007 年
金顕哲『コンビニエンス・ストア業態の革新』有斐閣，2001 年
経済産業省大臣官房調査統計グループ編『平成 26 年　商業統計表　第 1 巻　産業編（総括表）』経済産業統計協会，2016 年
経済産業省「令和元年度　内外一体の経済成長戦略構築にかかる国際経済調査事業（電子商取引に関する市場調査）」2020 年
中小企業庁「商店街実態調査報告書」2018 年
内閣府「国勢調査」2015 年
日本商工会議所・全国商工会連合会編『販売士ハンドブック（基礎編）～リテールマーケティング（販売士）検定試験 3 級対応～①小売業の類型』カリアック，2016 年
日本フランチャイズチェーン協会編『改訂版　フランチャイズ・ハンドブック』商業界，2017 年
番場博之編著『基礎から学ぶ　流通の理論と政策［新版］』八千代出版，2016 年

マーチャンダイジング

1 商品について

　商品とは，市場で売り買いされるものであるが，さまざまな商品が取引されている。小売店で販売しているような形あるものはもちろんのこと，サービスなど形のないものまで含まれる。

1-1　品質3要素

　一般的に，商品品質は次の3つから説明される。

① 一次品質　商品購入目的として第1に期待されているもの，つまり商品として最初に満たさなければならない機能面，性能面などにおける商品の質的要素を，一次品質という。

② 二次品質　消費者にとって一次品質が満たされた商品であれば，次の段階として，より自分の趣味，嗜好など感性面に適合した商品を求めるようになる。こうした感性面での適合感といった商品の質的要素を，二次品質という。

③ 三次品質　消費者にとって一次品質，二次品質が満たされた商品であれば，次の段階として，その商品の社会的評価を求めるようになる。具体的には流行面，ブランド面といった社会的評価における商品の質的要素を三次品質という。

1-2　商品コンセプト

　商品コンセプトとは商品計画の基本的部分であり，この商品は消費者にとっ

てどのような価値があるのかなど，商品が消費者にもたらす便益をわかりやすく表現したものといえる。したがって，消費者に対し商品コンセプトが的確に伝わるかどうかが重要な問題となる。

　具体的成功事例のひとつとして，花王のヘルシア緑茶があげられる。商品コンセプトは，「体脂肪を減らす効果のある茶飲料」で，特定保健用食品として販売された。健康志向，メタボリックシンドロームへの警戒などの環境のもと，トクホ表示で，体脂肪を減らし，きわめて健康的な飲み物という時代に合った的確な商品コンセプトが話題となることで，大ヒット商品となった。

1-3　商品分類

　商品の分類には，総務省統計局が定めた「日本標準商品分類」などの制度分類と，慣用的な側面からの分類などがあげられる。ここでは慣用分類である，消費者の購買行動を基準にした代表的な分類方法としての，コープランド（Copeland, M. T.）の「商品の3類型」を取り上げる。

① 最寄品（convenience goods）　購買頻度が高く，比較的安価なものであり，日用品や食料品などがあげられる。

② 買回品（shopping goods）　購買頻度が低い。いくつかの店舗を回って比較，検討するものであり，婦人服，家具などの比較的高価なものがあげられる。

③ 専門品（specialty goods）　購買頻度がきわめて低い。購入決定までに多くの手間と時間をかけるものであり，高級ブランド品，車などかなり高価なものがあげられる。

図表2-1　最寄品，買回品，専門品の属性

	最寄品	買回品	専門品
購買頻度	高い	低い	きわめて低い
商品単価	低い	高い	きわめて高い
リスク	低い	高い	きわめて高い
行動半径	狭い	広い	きわめて広い

出所）石原「流通とは」（1997：49）を加筆修正

これら商品3類型の属性を要約したのが，図表2-1「最寄品，買回品，専門品の属性」である。

1-4 商品機能・性能

商品として消費者に認知されるためには，商品としての機能を備えていなければならない。いいかえればその商品を購入，用いることで，消費者の目的がかなうといった機能が要求されるといえよう。そしてその機能のレベルは，性能で表される。高い性能をもった商品は，消費者から高く評価されるであろう，という意味において商品にとって重要な要素といえる。

1-5 デザイン

商品においては，その機能・性能や経済性などにくわえて，美しさといったデザイン性も求められる。デザインに関する保護や，推奨制度として次のものがあげられる。

① 意匠登録制度　デザインを保護する法律として，一般的に意匠法があげられる。

　意匠法第1条では，「この法律は，意匠の保護及び利用を図ることにより，意匠の創作を奨励し，もつて産業の発達に寄与することを目的とする」としている。また，意匠法第2条に規定される意匠，すなわち，物品（物品の部分を含む）の形状，模様もしくは色彩またはこれらの結合であって，視覚をつうじて美感を起こさせるものを保護の対象としている[1]。具体的には意匠保護のために，特許庁で意匠を登録することになる。

② グッドデザイン賞　公益財団法人日本デザイン振興会が主催する「総合的なデザインの推奨制度」として創設された。

　1957年に通商産業省（現・経済産業省）によって創設された「グッドデザイン商品選定制度（通称Gマーク制度）」を母体として，これまで実施されてきた。その対象はデザインのあらゆる領域にわたり，グッドデザイン賞

を受賞したデザインには「Gマーク」をつけることが認められる。[2]

1-6 色 彩

　商品やその売場などにおける色彩の重要性は，ビジュアルマーチャンダイジング（VMD：Visual Merchandising）という用語からも理解できよう。

　日本ビジュアルマーチャンダイジング協会は，ビジュアルマーチャンダイジングを次のように定義した。[3]

　「ビジュアルマーチャンダイジングとは文字どおりマーチャンダイジングの視覚化である。それは企業の独自性を表わし，他企業との差異化をもたらすために，流通の場で商品をはじめすべての視覚的要素を演出し管理する活動である。この活動の基礎になるものがマーチャンダイジングであり，それは企業理念に基づいて決定される。」

　上記定義からも明らかなように，マーチャンダイジングの視覚化において，色彩が重要な役割を果たすことは明白であろう。また，色彩心理学の視点からも，色彩の見え方，感じ方などが人の行動などに影響を及ぼす，という意味においてその重要性が指摘される。

1-7 ブランド

　製品を識別できるように付与された名称やマーク，デザインの特徴のことであり，メーカーがブランドを付与するようになったのは，流通段階において他のメーカーと同質の製品として扱われないよう，製品差別化をするためである（高嶋，2008：248）。

　また，ブランドネームはすべてのブランド要素の中心的存在で，良いブランドネームの条件として次のものがあげられる（久保田，2004：144-148）。

① 短くて簡潔であること。消費者が簡単に記憶でき，覚えられるものでなくてはならない。

② 愛称を有していたり，構造が単純であること。本来のネームがいくぶん長めでも，発音しやすい短縮形，つまり愛称をもつことができれば良いネームとなりやすい。

③ 韻をふんでいたり，意味を有していること。ヤマハ，ドコモ，ボルボなどは，いずれも何らかの韻をふませることによりネームの響きを良くしている。

ブランドマークは，商品本体をはじめとして，マーケティング活動での印刷物などにつけられることから，それをみた人が，企業などのイメージを印象的に受け取れるものでなくてはならない。また，そうしたデザインが求められるであろう。

2 　マーチャンダイジングの基本

マーケティングの重要な要素のひとつであるマーチャンダイジングについて，いくつかの側面から基本的な部分についてふれてみたいと思う。

2-1　マーチャンダイジングとは

マーチャンダイジングとはどのようなものか，その定義をめぐってもさまざまなマーチャンダイジングの定義がみられる。たとえばAMA（アメリカ・マーケティング協会）では，マーチャンダイジングを「適正な商品またはサービスを，適正な場所で，適正な時期に，適正な数量を，適正な価格で，マーケティングすることに関する諸計画である」と定義している。

また，田島（2004：30）は，「マーチャンダイジングとは，流通業がその目標を達成するために，マーケティング戦略に沿って，商品，サービスおよびその組み合わせを，最終消費者のニーズにもっともよく適合し，かつ消費者価値を増大するような方法で提供するための，計画・実行・管理のことである」と定義している。

このように，商品，サービス全般に関わる政策を意味するが，小売業では一般的にはマーチャンダイジング＝商品政策，あるいは商品化計画とよばれることが多い。なお商品政策，あるいは商品化計画とは通常，商品の仕入から販売までの一連の活動を意味する。

2-1-1　チェーンストアでのマーチャンダイジング・サイクルの構成要素

一般的にチェーンストア本部においては，商品計画を起点とする品ぞろえ政策を企画し，実施する。各店舗においては，本部からの指示に沿って業務を遂行する。これらの業務活動は次のように示される。

⑴　本部業務

① **商品計画**　顧客のニーズに応えて，適切な売場を構築するための商品構成表を策定する。

② **販売計画**　商品計画に基づき，商品カテゴリーごとに，各店舗における販売計画を立案する。

③ **仕入計画**　商品計画，販売計画をふまえ，どのような仕入先からどのような条件で仕入れるかという仕入計画を立案する。

④ **仕入交渉**　本部のバイヤー（仕入担当者）などは，仕入先企業との間で，商品を仕入れる際の価格，量，時期などについて，交渉する。

⑤ **仕　入**　仕入担当部署は，仕入交渉の結果に沿って，全店舗分の定番商品などを仕入先企業より初期仕入を行う。定番商品とは，その売場において中心となる商品をさし，一定期間にわたって同じ販売方法で売られる。

⑥ **値入，価格設定**　値入政策に基づき，商品の価格（売価）を設定する。値入（マークアップ）とは，どの程度の利益を見込むかであり，値入＝商品を販売する前の見込み粗利益を示す。

⑦ **棚割，販促企画**　棚割とは，一般的に商品陳列棚にどの定番商品をどこにどれだけ陳列するかという，スペース配分技術を意味する。また全店一斉に，本部で画一化された販売促進の企画を実施する。

⑧ 店舗への送り込み　仕入先企業より初期仕入した，全店舗分の定番商品など
を各店舗に納品する。

(2)　店舗業務

① 荷受・検品　各店に納品される際，その場に立ち合い，受け入れ業務を行
う。

② 保　管　ケース単位で納品される商品などは，いったんバックルームなどに
保管する。

③ 補充（前出し）　定番商品などは，基本的に保管せず直接，売場へ補充する。

④ ディスプレイ（売価変更）　棚割表に則ってディスプレイし，売れ行きの悪い
商品などについては，状況に応じて値下げ（売価変更）などを行う。

⑤ 商品管理　POSシステムにより，単品管理などが可能となっている。

⑥ 補充発注　通常，一定期間ごとに商品を補充するための発注を行う。

(3)　店舗業務の付帯業務

① メンテナンス　POP広告，プライスカードの添付・管理については，一般的
にチェーンストアの標準化政策のもと，本部の規格品を全店舗で使用する。
また，売場などのクリンリネスを，計画的に実施する。なお，POPは，
Point of Purchaseの略称で，POP広告とは商品紹介のポスターなど，購買
時点に目にする広告である。

② セールスプロモーション　一般的にチェーンストアの標準化政策のもと，販
売促進策を実施する。また，接客においても，統一マニュアル，OJTなど
のもとで同一のものが実施される。OJTとは，職場での実務を通じて訓練
する教育手法の一種で，職場内教育訓練を意味する。

③ 物流業務　チェーンストアにおいては，迅速かつ適切に仕入先企業から店
舗，物流センターに配送されなければならないという意味において，物流業
務は重要な活動と位置づけられる。

仕入先企業などから，サプライヤーや物流業者によって，小売店に商品を

54

届ける業務を配送（納品），商品を受け入れる業務を荷受という。サプライヤーとは，商品などを小売業に供給する企業などをさす。

2-1-2　経営管理としてのマーチャンダイジング

　小売業におけるマーチャンダイジングは，その経営に直接的に関わるという意味で，基本的な経営管理業務といえる。この経営管理という側面から，マーチャンダイジングの流れは，図表2-2「マーチャンダイジングの PDS サイクル」に示される。

　チェーンストアを例にあげれば，Plan（計画）は主に本部で策定され，Do（実行）は店舗でなされる。次の See（検証・評価）は，各店舗，本部，それぞれの役割担当の立場から行われることとなる。

　こうした流れのなかで，マーチャンダイザーやスーパーバイザーとよばれる専門スタッフの役割は重要である。ここでのマーチャンダイザーとは，商品開発担当者であり，またスーパーバイザーとは，本部の経営方針に沿って店舗運営がなされているかをチェック，監督するため店舗を巡回する者である。

図表2-2　マーチャンダイジングの PDS サイクル

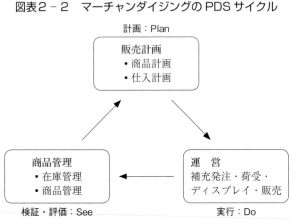

出所）日本商工会議所・全国商工会連合会編『販売士ハンドブック（基礎編）② マーチャンダイジング』（2016：101）

2-2　コンビニエンスストア・チェーンにみるマーチャンダイジング

小売業のマーチャンダイジングについて，より具体的に理解できるよう，今日的にみてもっとも多くの消費者が利用するであろう，コンビニエンスストア（以下，CVS：Convenience Store）のマーチャンダイジングを事例として取り上げる。

2-2-1　商品計画

CVS の商品計画の諸側面について，順にみていきたいと思う。

(1)　商品計画の基本

CVS の商品計画の基本は，便利さという顧客ニーズに沿った品ぞろえにある。具体的には，店舗は小型（約 100m^2 程度の売場）ではあるが，食料品をはじめとして，日用雑貨などの最寄品を 3,000 品目ほど浅く，広くそろえている。これらにくわえて，銀行 ATM，コピーなど日常生活に必要なものを多くそろえることで，顧客にとっての利便性を追求している。

(2)　商品構成の基本

CVS では，多くの商品をそろえているが，使用目的や用途などが同じ品種の商品群を，通常，商品カテゴリーとよび，その組み合わせなどを商品カテゴリー構成という。また，ひとつの商品カテゴリーのなかの個々の商品を品目（アイテム）とよび，その組み合わせなどと売場における在庫量を品目（アイテム）構成という。CVS チェーン本部では，これら商品カテゴリー構成と品目構成を策定し，それに基づき各店舗の運営がなされる。

(3)　POS データによる品目構成見直し

POS システムから得られる POS データにより，死に筋商品，売れ筋商品の管理がなされる。なお，POS システムについては後述する。
① 死に筋商品管理　POS データに基づき，あまり売れていない商品を把握する

ことで，それを仕入リストから外していくことである。ただし外す際は，その原因を調査，分析する必要がある。たとえばデータ上は，確かにあまり売れていないとしても，常連の顧客が購入しているなど，さまざまな要因が考えられ，安易に外すことで顧客の信頼を裏切る可能性も否定できないからである。

② 売れ筋商品管理　売れている商品の欠品などをおこさないように，商品管理することである。本当の売れ筋商品かどうか検証する必要もあることから，CVSチェーン本部では，全店舗レベルのデータなどの情報を，各店舗に提供している。

2-2-2 仕入計画

CVSの仕入計画の諸側面について，順にみていきたいと思う。

① 仕入計画の基本　CVSチェーン本部で，商品カテゴリー構成と品目構成を策定する場合，限られた広さの売場で便利さも求めることから，多品種少品目少量の品ぞろえとなる。つまり，多くの品種をそろえるも，それぞれの品種においては売れ筋の品目に絞り込み，少量ずつ仕入れることを意味し，こうした仕入方が仕入計画の基本である。

　このような仕入計画を端的にまとめると，CVSの仕入においては在庫単位と発注単位は少なく，バックヤードも限られていることから，短縮化された発注サイクル（多頻度発注），発注リードタイム（多頻度小口物流）などが求められるといえる。なおバックヤードとは，売場の後方スペースのことで，商品の保管や事務のためのスペースとして利用される。また発注サイクルとは，発注と次の発注までの時間をさし，さらに発注リードタイムとは，発注してから商品が店舗で荷受けされるまでの時間をさすものである。

② 仕入先企業の選別　上記，CVSの仕入計画の特徴からも明らかなように，仕入先企業を選別するうえで，とりわけ多頻度発注に対応できることが条件となる。

2-2-3　荷受・検品

　発注した商品がCVSの店舗に届けられた際，荷受業務として検品，在庫登録，をする必要がある。また，検品端末機による荷受業務も必要とされる。

① **検　品**　検品とは，文字通り商品を検査することだが，その検査のポイントとしては，発注した商品と同じ商品であるか，その数量は合っているか，さらに不良品などが混じっていないかなどの項目があげられる。

② **在庫登録**　検品後，店頭在庫として在庫登録，データ化される。これらのデータと販売情報・データを結ぶことで，正確な在庫量が把握されることとなる。

③ **検品端末機による荷受業務**　前述したように，CVS業界においては多頻度発注，多頻度小口物流という特性から，合理的，効率的な荷受業務が求められる。そしてこれらに対応するため，スキャナーターミナル（以下，ST：Scanner Terminal）という検品端末機が活用されている。STの活用により，検品や在庫登録作業の省力化を可能にしている。

2-2-4　商品管理（在庫管理・商品管理）

　CVSの商品管理のうち在庫に関しては，欠品，過剰在庫に注意を払い，適正な在庫量を保つことが重要である。また商品に関しては，その売れ行き動向を品目ごとに把握することで，品目構成の再検討に活用していくことが重要である。本部においては，POSシステムから集計された全店舗分の販売データを一元管理のもと，それらを各店舗へ参考データとして情報提供することが重要な役割となる。

2-2-5　補充発注

　CVSチェーンでは，一般的に定期発注システムを採用している。このシステムでは，1日のうちで発注回数や発注時間帯などが決められているが，商品を補充するために発注をする際，ただ売れた分を新たに発注すればよいわけではない。日々，あるいは1日のなかでも刻々と店舗の内外で環境は変化し，商

品の売れ行き動向に影響を及ぼしているといえよう。

　よってそうした変化を先読みした仮説のもとに発注する必要がある。またこうした発注の精度を高めていくうえで，その結果である売上高の検証・評価をふまえて，再び発注していくという，仮説，実践，検証のサイクルを確立する必要がある。

　このように，精度の高い補充発注が求められているが，そのためのひとつのツールとして，CVS 業界では電子発注台帳（以下，EOB：Electric Order Book）が活用されている。EOB とは，発注用の携帯端末であり，これをもちいることで仮説，実践，検証サイクルでの補充発注作業を可能にしている。EOB では発注端末の機能以外に，発注のための仮説をたてるうえで参考となる販売，発注実績をはじめとして，天気予報などさまざまなデータ表示が可能となっている。

3 商品計画の基本

　CVS の商品計画についてはすでにふれたが，ここでは小売業としてあるべき商品計画について述べたいと思う。

3-1　基本政策

　小売業における商品計画上，もっとも基本となるものは，顧客ニーズに応じて計画されていることである。ただし顧客ニーズといっても，小売業にはさまざまな業種，業態などがあり，主要購買層（以下，ターゲット顧客）もそれぞれの店舗によって異なることとなる。

　いいかえれば，店舗に集客できる地理的範囲，すなわち商圏のなかで，競争上その店舗におけるターゲット顧客を明確にする必要があり，その結果として，店舗ごとのターゲット顧客のニーズの違いから，品ぞろえについて他店との違いが生じることとなる。こうした各店舗における競争上の政策を差別化政策，あるいは顧客の絞り込み政策とよぶ。

3-1-1　商品構成の基本と手順

　ターゲット顧客が定まったら，そのニーズに合った商品構成を行うことになるが，その際，比較選択購買や関連購買が可能となるようにする必要がある。比較選択購買とは商品購入の際，店舗内で，あるいは店舗間において，いくつかの商品を比較したうえで購入することである。また関連購買とは，購入目的の商品と，それとの関連性が高い商品を，両方同時に購入することである。

　商品構成の基本は図表２-３「商品構成の階層と手順」のように，階層状に商品カテゴリーを一定の分類基準に基づき，上から順に大分類，中分類，小分類（商品によっては，さらに細分類）と，その階層ごとに商品カテゴリーを構成したうえ，小分類での商品カテゴリーごとの品目構成を行う。こうした商品構成の手順をふむことで，比較選択購買や関連購買を可能にする商品間の連続性，関連性が確保される。

図表２-３　商品構成の階層と手順

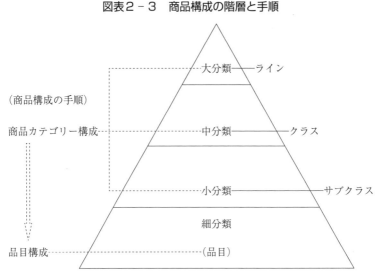

出所）日本商工会議所・全国商工会連合会編『販売士ハンドブック（基礎編）②マーチャンダイジング』（2016：42）

3-1-2　品ぞろえの幅と奥行

　商品構成の特徴は，商品カテゴリー（品種）構成である，品ぞろえの幅と品目構成である品ぞろえの奥行で示される。そして品ぞろえの幅を広げることを総合化，狭めることを専門化とよぶ。たとえばビジネス用の紳士服のみを扱っている店舗であれば専門化であるが，その店舗がビジネス用に加えて，カジュアル用，フォーマル用の紳士服もあつかうようになれば総合化となる。

　また品ぞろえの幅と奥行の構成は，店舗の規模，販売面積に影響される。たとえば，小規模の店舗で品ぞろえの幅を広げようとしても限界があるであろうし，なにより顧客からみて小規模の店舗であれば，幅を狭め，奥行が深い方が店舗の特徴がわかりやすい。もちろん，幅広く奥行の深い店舗は理想ではあるが，店舗の大型化が求められるなど課題も少なくない。よって店舗がおかれた状況をふまえての幅と奥行の最適化が重要といえる。

3-2　店舗形態別の商品構成の特徴

　前述したように店舗における商品構成の特徴は，商品カテゴリー（品種）構成である，品ぞろえの幅と品目構成である品ぞろえの奥行で示される。よって

図表2-4　百貨店，総合品ぞろえスーパーの比較

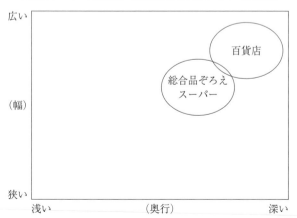

出所）日本商工会議所・全国商工会連合会編『販売士ハンドブック
　　　（基礎編）②マーチャンダイジング』（2016：48）を一部修正

これ以降，主要な店舗形態間の比較をとおして，それらの商品構成の特徴を示していく。

① 百貨店と総合品ぞろえスーパーの比較　図表2－4「百貨店，総合品ぞろえスーパーの比較」からわかるように百貨店，総合品ぞろえスーパーはともに比較的幅が広く，奥行が深い方の店舗形態として位置づけられる。商品の特徴としては，百貨店がブランド品など主に高価格なものを扱うのに対し，総合品ぞろえスーパーは主に生活必需品を扱うことから低価格な傾向にある。

② ホームセンター・家電量販店，総合品ぞろえスーパーの比較　とりわけ近年，消費者のアウトドア志向の高まりなど，顧客ニーズの多様化や，変化などを背景としてホームセンターの成長は著しく，広く深い豊富な品ぞろえを行っている。家電量販店においてもより多くの商品から選びたいという，基本的な顧客ニーズに応えるため，店舗の大型化がすすむとともに，広く深い豊富な品ぞろえを行っている。

　こうしたことから住生活関連・家電商品カテゴリーにおいて，総合品ぞろえスーパーよりも広く深い豊富な品ぞろえをするホームセンター・家電量販店が多くみられる。またホームセンター・家電量販店と総合品ぞろえスーパーは，いずれも生活必需品を多く扱うことから，当該商品カテゴリー的に重なる部分が少なくない。なお，家電量販店など特定のカテゴリーの商品を豊富に品ぞろえし，低価格で販売する小売業をカテゴリーキラーとよぶ。

③ スーパーストア，スーパーマーケット，ミニスーパー，CVSの比較　スーパーストア，スーパーマーケット（以下，SM），ミニスーパー（以下，MSM），CVSのいずれにおいても，主なカテゴリーは食料品であり，補完カテゴリーとして日用雑貨などがあげられる。店舗あたりの販売規模を大きい順番に並べると，スーパーストア，SM，MSM，CVSとなる。販売規模の大きさはそのまま，品ぞろえの幅，奥行とリンクする形となっている。つまり品ぞろえの幅と奥行の構成と，店舗あたりの規模，販売面積の間には相関関係がみられるといえよう。

4 販売計画・仕入計画・仕入業務・棚割と
ディスプレイ・物流，の基本

　ここでは，販売計画の基本，仕入計画の基本，仕入業務の基本，棚割とディスプレイの基本，物流の基本の順にみていきたいと思う。

4-1　販売計画の基本

　販売計画とは，売上高予算，利益高予算を達成するために，ヒト，モノ，カネなどの経営資源を有効活用のもと，扱う商品の販売に関わる計画のことである。また販売計画は，主に1年間の販売方針・目標を定めた売上計画からなりたっている。

　また売上計画には，商品展開計画，部門別計画，売場配置計画，販売促進計画，キャンペーンなどの計画が盛り込まれている。こうしたことから小売業において，適切な販売計画があってはじめて，その販売管理がうまく機能するといえる。

4-2　仕入計画の基本

　仕入計画とは，販売計画に基づき，どのような商品をいつ，どのくらいの量仕入れるかなどに関わる計画のことである。具体的には，仕入先企業選定，仕入方法，仕入時期，仕入数量などについて，月別など，時系列に沿って策定する。

　しかし，実際には販売計画どおりにことがすすむとはかぎらず，売場での定番商品の品切れ，すなわち欠品やその逆である過剰在庫などを避けるべく，仕入計画の修正が必要となる場合が生じえる。仕入れる際には資金が必要で，一般的に仕入予算がくまれていることから，計画上のズレが生じた場合には，仕入予算についても修正するなど，適切な運営が求められる。

4-3　仕入業務の基本

　小売業などには，仕入（バイイング：buying）を専門的に担当するバイヤーという職種がある。バイヤーには商品動向などを見極める高い能力が求められ，直接的に業績を左右する仕入業務に携わるという意味において，重要な立場にある。

　仕入方法については，大量仕入と随時仕入があげられる。大量仕入は仕入原価の割引，引下げや，事務処理の軽減が期待される一方で，過剰在庫，資金不足のリスクを抱える。随時仕入はその逆で，在庫リスクが少ない一方で，多頻度発注により，事務処理負担が重くなる傾向がみられる。

　さらに仕入形態においては，チェーンオペレーション形態であるスーパーマーケットなどでは，本部が一括仕入れしてその後，各店舗に配荷する集中仕入（セントラルバイイング）という，仕入形態がみられる。

4-4　棚割とディスプレイの基本

　棚割とは，商品を陳列する棚（ゴンドラ）において，多種多様な商品をどこにどれだけ，分類・配置するかという前段階の業務を意味する。よって売場の品ぞろえは，棚割の計画，そして作成された棚割表に基づくディスプレイによって成立する。

　棚割の方法によって，売場におけるメーカー商品の占有率（インストアシェア）が決まり，そのことで売れ行きが大きく左右されることから，メーカーにとっては大きな関心事である。また同時に棚割の方法によっては，売れ筋商品をはじめとして，小売店の利益の要となる，いわゆる育成商品などのデータベース化が容易になるという意味において，小売店にとっても当然のことながら大きな関心事といえる。

　売れ行きの動向などによっては，品目ごとの単品における陳列棚最前列での配分スペース調整（フェイシング）や，ディスプレイ方法などの変更が必要となることから，棚割変更が生じる。つまり小売業においては，常に顧客ニーズに応じた棚割とディスプレイが求められている。

64

4-5　物流の基本

　わが国では，多くの実践的活動を経たのち，物流の用語は，1985 年に JIS
として登録され，「物資を供給者から需要者へ物理的に移動する過程の活動を
いい，一般的には，輸送，保管，荷役，包装など，およびそれらに伴う情報の
諸活動からなる」と明記されたが，広義には「有形，無形のいっさいの経済財
の供給者から需要者に至る時間的・空間的な隔たりを効果的に克服する物理的
な経済活動である」と定義されよう（塩見，1998：4-5）。また，その役割を図表
化したものが，図表 2 - 5「物流の役割」である。

4-5-1　小売業の物流の基本

　商取引には商流と物流という 2 つの機能があるが，販売に関する活動が商流
であるのに対して，物流は商流が確定してきた取引条件に沿って，商品などを
納品する機能であり，小売業においても，いずれも重要な機能であるといえよ
う（浜崎，2012：28）。

　小売業における物流の基本機能として，次のものがあげられる。

① 調達物流　小売業の店舗へ，メーカーなどからの仕入商品を運びこむための
　物流活動である。

② 販売物流　小売店で販売した商品を，顧客まで届けるための物流活動である。

図表 2 - 5　物流の役割

1	輸送	・商品を移動する ・輸送，配送
2	保管	・商品を一時的に保持する ・貯蔵，出荷準備，在庫管理
3	荷役	・荷おろし，積み上げ ・積みかえ，積みおろし ・仕分け，ピッキング
4	包装	・商品の外装，内装
5	流通加工	・値札付け，小分け，他
6	物流情報処理	・1 ～ 5 に対応

出所）小林『流通の基本』（2008：129）を一部修正

③ 社内間移動物流　自社内店舗間での，商品移動をさす物流活動である。また流通段階で傷ついた，いわゆるダメージ商品などを店舗から物流センターへ戻すといった物流活動なども含まれる。

④ 返品物流　店舗などから仕入先メーカーなどへ返品する物流活動である。

4-5-2　多頻度小口（少量）配送

　消費者ニーズの多様化や，手早く短時間で必要とする商品購入ができるという利便性を意味する，ショートタイムショッピングといった消費行動の変化などに，多くの小売店が対応したことから，多頻度小口配送が定着した。

　これに伴い物流業においては，過酷な労働環境によるドライバー不足や，配送車による排出ガス増加など，さまざまな問題も生じている。そうしたことから今後，原材料供給業者，製造業者，卸売業者，小売業者など一連の供給連鎖を意味する，サプライチェーン全体が共有する課題として，こうした問題に取り組んでいく必要がある。

4-5-3　物流センター

　従来，商品の保管を主目的としていた倉庫に対して，今日では倉庫としての機能に加えて，多頻度小口配送に対応すべく，ジャスト・イン・タイム物流を可能とする機能を兼ね備えた物流センターが多くみられる。物流センター内で，仕分けや流通加工などを行うことで，店舗での荷受業務を軽減している。また大手チェーンストアなどでは，自社の物流センターをもち，そこに仕入商品を一括集約したうえで，各店舗に配送することから，配送トラック数の削減（取引数最小化）も可能にし，さらなる荷受業務軽減につながっている。

　つまり取引数最小化の原理をふまえていうならば，各取引先と各店舗が直接取引するよりも，間に物流センターが存在した方が，取引数の合計数が最小化する，というものである。図表2-6「物流センターによる取引数最小化」からわかるように，この原理は，流通取引における卸売業の存在根拠を示すためなどにも用いられるが，物流センター存在合理性の説明にも当てはまる。

図表2-6　物流センターによる取引数最小化

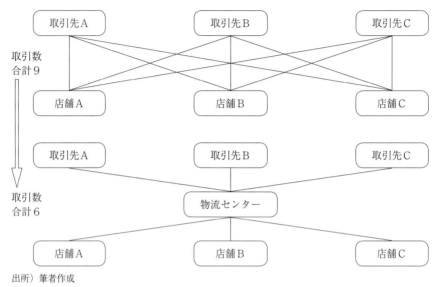

出所）筆者作成

4-5-4　物流と 3PL ビジネス

　3PL とは，サードパーティ・ロジスティクス（Third Party Logistics）のことで，荷主企業に代わって，もっとも効率的な物流戦略の企画立案や物流システムの構築の提案を行い，かつ，それを包括的に受託し，実行することをいう。荷主でもない，単なる運送事業者でもない，第三者として，アウトソーシング化の流れのなかで物流部門を代行し，高度の物流サービスを提供している[4]。

　具体的には，従来の物流業者がトラック輸送や保管など，限定された物流機能を提供していたのに対し，3PL 物流業者はこれらに加えて，荷役，包装，流通加工，情報機能などを複合的に網羅して提供している（齊藤，2015：150-151）。

　近年，3PL 物流業者においては，ネット通販の物流取り込みを重要課題としていて，自ら運営する物流センターに，ネット通販事業者の販売する製品を在庫として保管・運営するなど，物流センター内で生じる一連の作業を行っている。また，正確な作業をできるだけ迅速に行い，かつ，できるだけコストが安い物流サービスを提供するノウハウを蓄積することで，ネット通販事業者の顧

客満足度を高めるとともに，自身の競争力をも高めている（齊藤，2016：68-69）。

　今後，ネット通販事業者にくわえ，他の小売業においても，販売業務などの主要業務に経営資源を集中させる必要から，3PL 物流業者などへの外部委託，いわゆるアウトソーシングを積極的にすすめていくものとみられる。そうしたことからも，今後，3PL ビジネス市場の拡大は続いていくものと考えられる。

5 価格設定

　小売業では，商品を仕入れる際の価格を仕入原価とし，通常はこれに一定の利益率，利益額を上乗せして販売価格（売価）を設定する。

5-1　価格設定の基本

　ここでは，価格設定方法，価格政策，価格制度に関する問題，の順にみていきたいと思う。

5-1-1　価格設定方法

　価格設定の主な方法として，次のものがあげられる。

① コストプラス法　コスト志向の価格設定法といわれていて，商品の仕入原価に販売などにかかるコストと一定の利益額を上乗せして売価を設定する方法である。

　　このコスト志向の価格設定法を図表化したものが，図表2-7「コスト志向の価格設定法」である。なお，図表上の粗利益については後述する。

② マーケットプライス法　地域などの消費者が妥当である，または値頃感があると考える，その消費者の視点から売価を設定する方法である。

③ 競争を意識した価格設定方法　自店と競争する他店との比較調査結果を，自店の競争力に活用する手法（ストアコンパリゾン）によって，価格での競争に負けないように，売価を設定する方法である。

図表2－7　コスト志向の価格設定法

	生産者の粗利益
小売業者の粗利益

出所）野口『マーケティングの基本』（2013：95）を一部修正

5-1-2　価格政策

主な価格政策として，次のものがあげられる。

① 正札政策　値引きなどはせず，常に値札どおりの売価で販売するという政策である。

② 端数価格政策　端数価格とは990円，9,800円など，1,000円，10,000円という大台をわずかに割る売価にすることで，心理的に少しでも安く感じさせる政策である。

③ 段階価格政策　高価格品，通常価格品，低価格品というように，商品の品質などにより売価を段階的に設定して，顧客に提供する政策である。

④ 慣習価格政策　昔からの慣習で，商品によってはその価格が心理的に固定されてしまったものを慣習価格という。そうした商品については，あえて慣習価格を維持していくという政策である。

⑤ 名声価格政策　高品質＝高価格といった心理に基づく価格のことを，名声価格という。よって名声価格政策とは，意図的に高価格にすることで，その商品の高級感，ブランド力，販売力などを高めていくという政策である。

⑥ 割引価格政策　一定の期間，通常の価格を割り引くことで，集客力を高める

といった販売促進を目的とした政策である。

⑦ 均一価格政策　在庫処分などのセールの際に，100円均一などと同一の低価格にすることで，顧客の購買意欲をかきたてる政策である。

⑧ 特別価格政策　特定の商品に対し，きわめて低価格設定することで，集客力を高めることを目的とした政策である。しかし低価格の度合いが過ぎると，独占禁止法上，不公正な取引として禁じられている，不当廉売に該当するおそれがある。

⑨ 見切価格政策　消費，使用の季節がある程度，限定されているシーズン商品の売れ残りや，不良品などの不良在庫処分のため，一時的にきわめて低価格設定する政策である。

5-1-3　価格制度に関する問題

価格制度に関して，次のような問題があげられる。

① 再販売価格維持制度　書籍，雑誌，新聞，レコード盤，音楽用テープ，音楽用CDについては，供給先から小売業などに転売（再販売）する際，著作物ということから，小売業などは再販売価格を指示され，市場での価格が維持されている。本来，再販売価格維持行為は独占禁止法で禁止されているが，上記6品目については例外的に認められている。

② 二重価格表示　メーカーが希望とする小売販売価格である，希望小売価格や小売店通常価格と，値下げした実売価格とを比較できるように，並べて表示することである。実売価格は，割安感を訴求する効果が期待できるものの，希望小売価格や小売店通常価格との差額が，あまりに大きい場合には，景品表示法上の不当表示に抵触することがあり，注意を要する。

③ オープン価格　メーカーが小売価格を設定せずに，小売業などにその設定をゆだねることである。

④ 単位価格表示　商品について，一定の計量単位あたりの価格を表示することである。消費者からすれば，購入を判断する際の有効な目安となりうる。

5-2　売価設定の基本

　小売業がつける販売価格の略称を売価という。小売業の利益に直接的影響を及ぼすという意味において，その売価の設定は重要である。

5-2-1　戦略的売価設定

　主な戦略的売価設定として，次のものがあげられる。

① エブリディ・ロープライス政策　この政策が広まったのは，アメリカのウォルマートが1980年よりこの政策を実施したことによる。物流コストやオペレーションに関わるコストなどを削減することで，期間を限定することなく，恒常的に多くの定番商品を，競争店に負けない低価格で販売する政策である。

② ハイ・ロープライス政策　エブリディ・ロープライス政策のように，恒常的な低価格で集客するのではなく，期間限定などで価格変動させることにより，一定期間でみた集客，そして利益の増加をはかる政策である。具体的には，粗利益率が低い（ロー）特売品で集客し，粗利益率が高い（ハイ）定番商品の売上高向上もはかる。いわばハイとローの組み合わせにより利益をあげるというものである。またこうしたことを毎週繰り返すことなどで，価格訴求のイメージづけといったプロモーションなども，行っていくのである。

5-2-2　戦術的売価設定

　戦略的売価設定が将来を見通した売価設定政策なのに対し，具体的手段，方法としての戦術的売価設定においては，次のようなものがあげられる。

① ロスリーダー・プライス　集客，販売促進を目的として，一定期間，仕入原価よりも低くなるような価格設定を行う目玉商品をロスリーダーといい，こうした目玉商品をアピールする政策のもとでの，採算を度外視した売価設定である。

② 単一価格　商品の価格を均一にすることで，割安感など販売促進につながる心理的効果をねらった売価設定である。

③ 一物多価　同一の商品であっても，購入の量が多くなると安くなるといった
　形などで，複数の値段を設定するという売価設定である。

④ 値下げ　やむをえない理由から，商品の価格を通常より低くする売価設定で
　ある。理由としては，商品の売れ行きが悪い，競争店対策で価格を下げざる
　をえないなど，さまざまなものがあげられる。

5-3　利益構造

　小売店における利益構造について，単純な事例なども用いて明らかにしてい
きたいと思う。

① 売上高　商品には，価格がつけられて販売されるが，その販売価格に販売数
　量を掛けた数値が売上高である。

② 仕入原価　仕入先から商品を仕入れる際，その商品の代金として支払われる
　金額が仕入原価となる。

③ 粗利益　たとえばある小売店が商品を6万円（仕入原価）で仕入，10万円
　（売上高）で販売した場合，

　　　売上高10万円－仕入原価6万円＝粗利益4万円

という計算式で粗利益が求められる。なお，これらの利益構造を図表化したも
のが図表2－8「売上高，仕入原価，粗利益による利益構造」である。

④ 値入高　たとえば，ある小売店が商品を6万円（仕入原価）で仕入れ，10
　万円（売価）という販売価格を設定した場合，

　　　売価10万円－仕入原価6万円＝値入高4万円

という計算式で値入高が求められる。

　先の③粗利益の計算式との意味的な違いとして，売上高が販売の結果を示
しているのに対し，売価は販売を予定してつけた価格である。同様に，粗利益

図表2-8　売上高，仕入原価，粗利益による利益構造

出所）筆者作成

が販売の結果の利益を示しているのに対し，値入高は販売を予定してつけた計画上の利益である。

⑤ 売価値入率　売価に対する値入高の割合が売価値入率で，次の計算式で求められる。この計算から，売価に対し利益がどのくらいの割合になっているかが示される。

$$売価値入率（\%）= \frac{値入高（売価-仕入原価）}{売価} \times 100$$

⑥ 部門別などの値入高，値入率　部門別あるいは，ある程度まとめて商品を仕入，販売する場合は，単品のケースと区別するため，値入高，値入率というよび方を値入高合計，平均値入率と変える。そのうえで値入高合計，平均値入率の計算式を示すと次のようになる。

$$値入高合計 = 仕入高の売価-仕入原価$$

$$平均値入率（\%）= \frac{値入高合計}{仕入高の売価} \times 100$$

⑦ **粗利益高**　販売を予定してつけた計画上の利益である値入高について，計画どおりの売価で商品がすべて販売されれば，値入高＝粗利益高となる。しかし実際には，値引きや万引きなどによるロス高が発生することから粗利益高は，それらを除いた後の数値となる。

　　なおロス高とは，死に筋商品の発生や万引きなどの原因で，販売不可能となった商品の合計額を意味する。

　　値入高と粗利益高の関係を図表化すると，図表2-9「値入高と粗利益高の関係」となる。

⑧ **粗利益率**　売上高に対する粗利益高の割合が粗利益率で，次の計算式で求められる。

$$粗利益率（\%）=\frac{粗利益高}{売上高}\times 100$$

図表2-9　値入高と粗利益高の関係

仕入時点	仕入原価	値入高 （計画上の利益）		
販売時点	仕入原価	粗利益高 （販売時点の利益）	ロス高	値引高

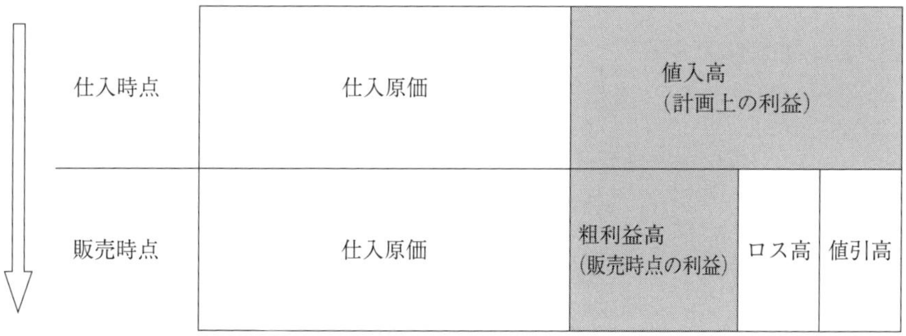

出所）筆者作成

6 在庫管理

6-1 在庫管理の重要性

　小売業において，過剰在庫や過小在庫が，直接的に売上，利益に影響を及ぼすという意味において，適正な在庫管理が重要といえる。

　在庫が過剰な状態であれば，その過剰な分による影響が生じる。たとえば仕入にかかった資金回収の遅れ，時間経過による商品自体の劣化，価値低下，さらに保管スペースの増加によるコスト増などなど，こうしたさまざまな悪い影響をその小売店に及ぼす。

　同様に，在庫が過小な状態においても，さまざまな悪い影響をその小売店に及ぼす。たとえば在庫が過小な場合，品切れをおこしやすくなる。顧客が目的とする商品を買いに来ても，その商品がなく買うことができない状態が度々生じることとなる。このことは小売店側からすれば，売上の機会をのがすことから，販売機会損失とよばれるが，これは小売業にあってはもっともさけなければならないことのひとつである。あの店にいけば，いつでも欲しい商品が買えるという顧客からの信頼がなければ，その小売店の存続はむずかしいものとなる。

　つまるところ，在庫管理において大切なことは，的確な需要予想，適正な時期に適正な数量の発注，適正価格の維持というプロセスをふまえて，適正な在庫管理を行うことといえる。

6-2 在庫管理方法

　在庫管理の方法としては，ダラーコントロール（金額による在庫管理）と，それと補完関係にあるユニットコントロール（数量による在庫管理）がある。ダラーコントロールは，金額的な動向を把握することから，資金繰りといった財務面の効率化が期待できる。しかし小売業として，顧客のニーズに応える品ぞろえを可能にさせるには，商品動向を把握すべくユニットコントロールを併用する必要があり，そうした意味において両者は補完関係にあるといえる。

6-3　在庫データ管理

　在庫の金額，在庫の数量などの在庫データを管理，活用することで，さまざまな分析を行うことができ，売場の効率化などへとつながる。

① **商品回転率**　一定期間における売上高を期末商品在庫高，あるいは平均商品在庫高で除したもので，販売効率を評価する代表的な指標といえる。商品回転率が高いほどに，その商品が売れ行きがよかったことを示していて，販売効率がよかったと評価される。基本的な計算式は通常，次のようになる。

$$商品回転率（回）= \frac{年間売上高}{商品在庫高（売価）}$$

　ただし分母である商品在庫高は，どの時点の商品在庫高を基準として採用，計算するかで異なってくる。計算式としてはいくつかの基準のもと，次のものがあげられる。

・期末商品棚卸高を基準とする場合は，

$$商品在庫高 = 期末商品棚卸高$$

・期首と期末の商品棚卸高を基準とする場合は，

$$（平均）商品在庫高 = \frac{期首商品棚卸高 + 期末商品棚卸高}{2}$$

・月末の商品在庫高を基準とする場合は，

$$（平均）商品在庫高 = \frac{月末商品棚卸高（12か月分の合計）}{12}$$

② **商品回転日数** 適正な在庫管理であるかどうかをみる，ひとつの指標であり，商品が1回転するに要する日数を算出することで，何日分の在庫をもっているかを示している。計算式は次のようになる。

$$商品回転日数 = \frac{365（1年間）}{商品回転率（回）}$$

③ **交差比率** 販売効率を評価する商品回転率に，粗利益率を乗じたもので，その数値が高いほどに，その商品がよく売れていて，利益も稼ぎだしていることを示している。計算式は次のようになる。

$$交差比率 = 粗利益率（\%）\times 商品回転率（回）$$

6-4 商品ロス

実際の在庫が，帳簿上の在庫より少ないケースがよくみられる。本来あってはならないことではあるが，こうした在庫の差が商品ロスとよばれる。

その主な種類と発生原因として，次のものがあげられる。

① **値下げロス** たとえば在庫処分で販売価格を値引くなど，何らかの理由で値下した際，発生する損失が値下げロスである。

② **商品廃棄ロス** 生鮮食品など，時間の経過とともに商品としての価値を失い，最終的に廃棄処分せざるをえなくなった際，発生する損失が商品廃棄ロスである。

③ **棚卸ロス** 万引きや事務処理上のミスなどの理由から，実際に棚卸をして得られた在庫が，伝票などの集計に基づいた計算上の在庫を下回ることが一般的にみられる。そうした際に，発生する在庫の差額が棚卸ロスである。

7 POS システム

POS とは，Point of Sales の略で，POS システムは販売時点情報管理システムを意味する。具体的には，商品につけられたバーコードを読み取り，データ化することで，販売管理，在庫管理などに活用するものである。

7-1　POS システムの特徴

POS システムの特徴として，次のものがあげられる。

① 自動読み取り　商品につけられたバーコードを読み取り，商品価格などの情報を検索，レシート発行される方式を PLU（Price Look Up）方式の POS システムという。この方式の POS システムでは，あらかじめ商品価格などの情報をコンピュータに登録しておくことで，レジ精算する際，瞬時の自動読み取りで精算作業が行われる。

② 販売時点の情報収集　商品を販売した時点で，商品名，価格などの商品に関するさまざまな情報がリアルタイムでコンピュータに送られる。さらに，送られた販売データはコンピュータで管理されることから，それらの情報に基づいた販売戦略が可能となる。

③ 単品管理　単品ごとのデータ管理が可能なことから，詳細，適正な在庫管理などが可能である。

④ 情報集中管理　POS データを仕入データなど，各種データと関連づけることで，情報の一元的な集中管理が可能となる。

7-2　POS システムの仕組み

一般に POS システムの仕組みは，POS ターミナルとストアコントローラからなりたっている。

① POS ターミナル　POS レジスター，POS 端末ともよばれ，その機能として，商品の販売額を計算，記録，レシート発行を含め，さまざまな精算業務としての，レジスター機能。さらに販売時点での売上情報管理としての POS 機

能を備えている。

② ストアコントローラ　POS データに基づく情報の処理，管理を行うパソコン
を意味する。

③ PC-POS　Windows などの OS を搭載した，スキャナ付 POS ターミナルシ
ステムを意味する。

7-3　バーコード

バーコードは，コードである 13 桁の数字と，それら数字を意味するバーシ
ンボルから構成される。バーシンボルは，バー（縦線）とスペース（余白）の
組み合わせで表示される。

① JAN コード　JAN は Japanese Article Number の略で，このコードは国際
的共通商品コードである。標準タイプ（13 桁）のコードは，9 桁のメーカ
ーコードからはじまり順に，3 桁の商品アイテムコード，1 桁の読み取り確
認用コードという形で示されている。

② ソースマーキングとインストアマーキング　メーカーなどが製造，出荷段階で
商品に JAN コードをマーキングすることを，ソースマーキング。これに対
し，小売段階で商品に JAN コードをマーキングすることを，インストアマ
ーキングという。

8 RFID

近年，バーコードに代わる技術としての RFID が注目されている。RFID と
は，Radio Frequency Identification の略称で，商品などに非接触型の「IC タ
グ（微小な無線 IC チップの一種）」を埋め込んで，商品等の情報を記録して
おき，アンテナ通過時の無線通信によるデータ交信によって商品等の確認を自
動識別する技術のことをいう[5]。

具体的には専用機器を使い，無線通信によって数メートルの範囲にある複数
の IC タグ情報を読み取る。在庫管理などの作業が効率化されるほか，売れ筋

情報を迅速に商品開発に生かせる体制づくりが期待される（白鳥，2020：118）。

注

1）経済産業省　特許庁（https://www.jpo.go.jp/seido/s_ishou/chizai05.htm 2018年1月18日アクセス）

2）経済産業省（http://www.meti.go.jp/policy/mono_info_service/mono/human-design/gooddesign.html　2018年1月18日アクセス）

3）日本ビジュアルマーチャンダイジング協会（http://www.javma.com/about/vmd.html　2018年1月18日アクセス）

4）国土交通省（http://www.mlit.go.jp/seisakutokatsu/freight/butsuryu03340.html　2018年1月18日アクセス）

5）総務省北陸総合通信局（https://www.soumu.go.jp/soutsu/hokuriku/denpa/about_rfid.html　2020年11月24日アクセス）

引用・参考文献

石原武政「流通とは」田島義博・原田英生編『ゼミナール流通入門』日本経済新聞社，1997年

久保田進彦「ブランド要素戦略」青木幸弘・恩蔵直人編『製品・ブランド戦略』有斐閣，2004年

小林隆一『流通の基本』日本経済新聞出版社，2008年

齊藤実「企業の物流を担う3PL」齊藤実・矢野裕児・林克彦『物流論』中央経済社，2015年

齊藤実『物流ビジネス最前線』光文社，2016年

塩見英治「物流の意義とシステム認識」塩見英治・齊藤実編『現代物流システム論』中央経済社，1998年

白鳥和生「流通業界における情報化の現在と今後」坪井晋也・河田賢一編『流通と小売経営』創成社，2020年

高嶋克義「マーケティングの組織と資源」高嶋克義・桑原秀史『現代マーケティング論』有斐閣，2008年

田島義博『マーチャンダイジングの知識』日本経済新聞社，2004年

日本商工会議所・全国商工会連合会編『販売士ハンドブック（基礎編）〜リテールマーケティング（販売士）検定試験3級対応〜②マーチャンダイジング』カリアック，2016年

野口智雄『マーケティングの基本』日本経済新聞出版社，2013年

浜崎章洋『ロジスティクスの基礎知識』海事プレス社，2012年

ストアオペレーション

1 ストアオペレーションの基本

ここでは，ストアオペレーション・サイクル，開店準備の業務，日常の運営業務，メンテナンス業務，チェックアウト業務，ミーティング，の6つについて取り上げる。

1-1 ストアオペレーション・サイクル

ストアオペレーションは小売店における日々の店舗運営のことをいう。チェーンストアが効率的なストアオペレーションを行うための店舗運営業務には次の8つがある。開店準備の業務，日常の運営業務，作業割当（本章 4 作業割当の基本参照），メンテナンス業務，チェックアウト業務，セールスプロモーション，ミーティング，閉店業務である。

1-2 開店準備の業務

ここでは，小売店舗における毎日の開店（営業開始）前に必要な業務について取り上げる。

1-2-1 クリンリネス

クリンリネス（クレンリネスということもある）とは，「掃除」「清掃」を意味する。店舗の看板やガラスの汚れ，陳列棚や商品が埃まみれの小売店では，どんなに魅力ある商品を品ぞろえしても顧客満足度を高めることはできない。店舗内外を清掃することにより，顧客が気持ちよく買物ができる状態に保つの

がクリンリネスである。

　売場のクリンリネスを実践するためには，「清掃，整理，整頓」というクリンリネスの３Ｓを基本的な作業項目とすることが望ましい。

① 清　掃　拾う，掃く，拭く，磨くという作業を繰り返すことで，衛生面においての清潔さをつくり出すことをいう。

② 整　理　陳列が乱れた商品を元の陳列位置に戻す作業である。スーパーマーケットなどでは，顧客が一度買物カゴに入れた商品を戻す際に，元の位置に戻さないことがあるので，売場の整理は大切である。

③ 整　頓　商品や資料などを一定の規則や基準に基づいて片づけることを意味する。

1-2-2　レジ操作の準備

　開店前のレジ業務作業には，チェックアウト施設の周辺の整備，チェックアウト施設の備品の点検と補充，レジの点検，つり銭の準備，連絡事項の確認，身だしなみのチェックなどがある。

　レジは顧客の買物における締めくくりの場所であるとともに，小売店にとっては販売の締めくくりの場所でもある。しかしながらスーパーマーケットやコンビニエンスストアなどのセルフサービス販売方式の店舗にとって，レジは店内で接客するもっとも中心的な場所でもある。顧客によい印象を与えることは，小売業にとって固定客の獲得と維持につながるために，正確，迅速，そして丁寧な対応が求められる。

　レジ業務の基本的な要素は，買上金額の登録，代金授受，そして接客の３つである。

　このレジ業務を迅速に行わなければ，レジ待ちによる行列が発生し，あまりにレジ待ち時間が長いと顧客はストレスを感じる。

　セルフサービス販売方式の小売店におけるレジ係は，次の点に留意する必要がある。

・顧客をイライラさせない。

- 精算の順番を守る。
- 迅速に接客する。
- はっきりとした声を出す。
- あいまいなことを言わない。

　電子マネーは，現金を使用することなく電子的なデータのやり取りで商品の代金決済を行うものである。電子マネーは，数十円や数百円といった少額の買物の際でも，顧客が電子マネーを専用リーダーにかざすだけで決済が完了する。電子マネーは，クレジットカードのようにサインの必要がなく，また現金のように小銭の受け渡しが不要になることから迅速な決済手段である。小売店にとっては，電子マネーが利用できるようにすることにより，つり銭の準備金額を減らすことができ，さらにつり銭の間違いも防ぐことができるというメリットがある。

　セルフチェックアウト・システムとは，顧客自身がPOSレジを操作して，買上商品の精算を自ら行う方法をいう。日本でも総合品ぞろえスーパーや食品スーパーマーケットを中心に導入が進んでいる。さらに最近では，レジで買上商品の登録を行ったあとに，代金精算のみを隣に設置された自動精算機で精算するシステムも導入されている。これによりレジでの代金授受の時間を短縮することができ，レジ待ち時間を緩和することができる。

　さらに2025年には多くのコンビニエンスストアでICタグを利用することにより，瞬時に精算を行うことができる仕組みの導入が計画されている。[1]

1-2-3　朝礼

　朝礼は従業員の意欲を高めるとともに，全従業員が本日のスケジュールや売上目標などを確認し意思統一をはかることが目的である。小売店の朝礼で行う内容は，経営理念や経営方針の徹底，前日からの業務引継事項と反省点の確認，作業予定と売上目標の確認，イベントやセールの確認，身だしなみのチェック，などである。

なお,朝礼はできるかぎり短時間で済ませて,開店準備作業に移る必要がある。

1-2-4　服装・身だしなみ

　販売員の服装や身だしなみは,顧客にとって,よい店舗かどうかを見分けるためのひとつの判断要素となる。そのため販売員には,清潔感,店舗イメージに合った服装や身だしなみが求められる。

　アメリカの心理学者であるアルバート・メラビアン(Albert Mehrabian)は,コミュニケーションの3大要素の影響力を「視覚(動作・表情・服装・化粧)」が55%,「声や声の調子」が38%,「言葉」が7%の割合であるとしている。すなわち,人は耳からの情報よりも目からの情報の方が大きいことを示している。したがって販売員は,服装や身だしなみに注意を払う必要がある。顧客によい印象を与えることにより,顧客との間に信頼関係ができるので,外見は大切な要素である。

　販売員は,制服がある場合でも,着崩したりすることなく,また洗濯しアイロンがけしたものを着る必要がある。店舗によって化粧やアクセサリー,そして髪の毛の色や長さなどの基準がある場合には,それを守る。また名札がある場合には,顧客からみえるようにつける。

　制服がない場合には,他の販売員の服装とのバランスを取る。衣料品店においては,そのお店のお薦め商品を着用して顧客にアピールしてもよい。

1-3　日常の運営業務

　ここでは,小売店における商品の荷受・検収,保管と商品への値付,補充,補充発注,発注システムについて取り上げる。

1-3-1　荷受・検収

　荷受は,小売店がメーカーや卸売業などの仕入先企業から配送された商品を受け取ることである。検収は荷受した商品を検品・収納する作業である。

　検収では,発注した商品がすべて間違いなく納品されたかどうかチェックす

る。そのためには，「発注書」「納品書」「納品された商品」の3つで欠品や数量不足，不良品の有無，誤納品の有無などを正確に確認する。

1-3-2 保管と商品への値付

　商品の保管業務に，商品への値付作業がある。多くの小売店でPOSシステムが導入されることにより個別商品に値付する必要性は少なくなった。しかしながら，季節商品を売り切るときや，取り扱いを中止する商品を値下げするときなど，売価を変更する際には値付（価格変更）が必要になる。

1-3-3 補充（リセット）

　小売店の営業時間中は，顧客の必要とする商品が適正な場所に，適正な数量がディスプレイされている必要がある。したがって，店内の各売場には適正な数量の商品が補充され，よく売れる商品ほどボリュームある陳列状態を維持する必要がある。そのためには，売れた商品を速やかに補充しなければならない。

　商品が売れて，店頭にディスプレイした商品が少なくなったときには，バックヤードなどから商品を選び出して補充するが，これを一般的には「品出し」という。その際には，先に仕入れた古い商品から先に売場に補充するのが基本である。これを先入れ先出しの原則という（本章　3-2-2(2)参照）。売場にディスプレイするときも，すでに売場にディスプレイされている商品の後ろに，新しい商品をディスプレイする必要がある。

　ディスプレイの基本は，顧客が商品をみやすく，手に取りやすい状態にすることであり，そのようなディスプレイを前進立体陳列という（本章　3-2-2(1)参照）。

1-3-4 補充発注

　補充発注とは，主に定番商品を単品ごとに，決められた数量を発注する業務である。この単品をSKU（Stock Keeping Unit：絶対単品）といい，これ以上分け

ることができない商品分類をいう。たとえば同じ商品であっても大きさや容量そして味や香りなどが違っている場合は，別の商品（単品）として取り扱う。

　小売業の業績は，商品管理の巧拙に大きく影響される。たとえ売場がきれいに整理そして整頓されていても，顧客の欲しい商品がよくみえて，買いやすいようにディスプレイされていなければ販売には結びつかないからである。

　小売店の商品管理は，一般的に「補充発注」→「荷受・検収」→（「値付」）→「補充（前出し）・ディスプレイ」→「販売」という一連のサイクルで行われる。

　小売店は補充発注の際に，次の入荷日までに「何が何個売れるか」を予測して，発注しなければならない。何個売れるかを考えないで発注すると，商品が欠品したり，過剰在庫になる可能性があるからである。

　小売店は，売れ筋商品や定番商品などを欠品させないようにしなければならない。そこで発注担当者は，品薄や欠品状態をさけようとして発注数量を多めにしたり，安全在庫数量を多めに設定する傾向があるが，そのことが商品の売れ残りや過剰在庫を発生させる要因となっている。

　過剰在庫は，商品鮮度の劣化や値下げや廃棄といった商品ロスにつながる，死に筋商品の在庫が増加する，在庫金利負担が増える，などといった問題を発生させる。

　こうしたことから店舗における補充発注業務は，欠品や品薄状態にならないように注意し，必要以上の在庫をもたないようにも注意しなければならない。

　補充発注を行う際の留意点は次のとおりである。

• 常に在庫を整理・整頓する。
• 店頭の在庫数量を把握する。
• 死に筋商品の排除を適切に行う。
• 棚ラベルをつけることで欠品商品をみつける。
• 適正な販売計画を立てる。

1-3-5 発注システム（EOS，EDI）

　小売店舗における日々の店舗オペレーションに関わる仕入，保管，そして発注は，相互に密接な関係にある。適正な補充発注を行うためには，次の点に留意する必要がある。

- 倉庫やバックヤード，陳列棚などを整理・整頓し，正しい在庫数量を把握する。
- 最新の気象条件に合わせて商品の販売数量を予測する。
- 地域行事や新商品情報などを収集する。
- 最新の売上状況を把握して販売予測精度を高める。
- メーカーなどの生産状況と，卸売業者の在庫状況，そして店舗への入荷情報を把握する。
- 競合店の販売状況を観察し，イベントやセールなどの販促活動を把握する。

　小売店における発注の形態には，初期発注と補充発注の2つがある。初期発注とは，新規取扱商品や臨時に取り扱う商品に関する発注である。チェーンストアの場合，初期発注は本部のバイヤーが卸売業などの仕入先企業と，仕入価格，仕入数量，納期などの条件を交渉して発注する形態である。補充発注は，主に定番商品などを店舗の発注担当者が継続的に仕入先企業へ必要な数量を発注する形態である。

　小売店と仕入先企業との間の発注は，EOS（Electronic Ordering System）によって行われている。EOS は日本語でオンライン受発注システム（補充発注システム）とよばれている。店舗において発注担当者が携帯端末に入力した発注情報は，チェーンストア本部を経由して仕入先企業に配信される。この EOS を可能とする情報通信基盤が EDI（Electronic Data Interchange）であり，日本語で電子データ交換とよばれている。

　1971 年の第 1 次通信開放によって各店舗とチェーンストア本部間の社内 EOS が利用できるようになり，1982 年の第 2 次通信開放によってチェーンストア本部と仕入先企業との企業間 EOS が利用できるようになった（流通システ

ム開発センター，2007：25)。

EDI は，2000 年以降になってインターネットを利用したものに移行してきている。インターネット手順を利用した EDI が流通 BMS (Business Message Standards) である（伊藤，2016：228)。

1-4　メンテナンス業務

ここでは，小売店の売場における表示や商品在庫のチェック作業について取り上げる。

1-4-1　POP 広告のチェック

POP (Point of Purchase：購買時点) 広告は，商品をアピールするためのものである。特にセルフサービス販売方式の売場では，棚ラベルだけでは商品を顧客にアピールできない。それを補うのが POP 広告である（第4章　4-2-3⑴参照)。POP 広告は顧客に商品の特徴などを瞬時に認知させることが目的である。POP 広告を書く際には，いくつかのポイントがある。

1-4-2　棚ラベルの管理

セルフサービス販売方式の売場では，単品ごとにバーコードのついた棚ラベルをつける。棚ラベルには，商品名，販売価格，商品部門，1 回当たりの発注数量，取引先コード，単位価格表示などが記載されている。

1-4-3　欠品，品薄状況のチェック

顧客が来店したときに，欲しい商品が品切れしていれば，顧客の信頼を失いかねない。売上と在庫のバランスがとれていないと，次のような問題を引き起こす。

- 死に筋商品は過剰在庫であるが，売れ筋商品の在庫は品薄または欠品状態となる。
- 商品は数多くあるが，顧客の欲しい商品がない売場となる。

売場で欠品や品薄が発生する原因には次のようなものがある。

- 発注担当者が，特定の商品，特定のサイズや色などに偏った発注をする。
- 発注担当者が，売れ行きを考えない見込み発注をする。
- テレビ番組内での紹介やCMの放映，そしてSNSの口コミによって商品が爆発的に売れる。
- 仕入先企業からの遅納や未納，など。

1-4-4 売価表示のチェック

　売価とは，顧客に販売する価格のことである。商品の売価を示すプライスカードは，顧客によくみえるように作成する。そしてそれらのはがれ，汚損や破損の有無を定期的にチェックする必要がある。セールなどの際には，売価をチェックする必要がある。

　近年は電子プライスカード（電子棚札）が普及しており，セール前後に売価表示をチェックする必要がなくなってきている。

1-5 チェックアウト業務

　ここでは，レジ業務の役割と接客について取り上げる。

1-5-1 レジ業務の役割

　セルフサービス販売方式の小売店のレジは，顧客が買物の最後に立ち寄る場所であるとともに，従業員と顧客がコミュニケーションを取れる場所でもある。そのためレジ係の接客のよしあしによって顧客のその店舗に対する印象が大きく左右され，来店頻度や売上に影響をおよぼすことから，重要な役割を担っているといえる。

　多くの小売店ではPOSシステムが導入され，商品についているバーコードをスキャニングするだけで買上金額が登録されることから，レジに直接，商品単価を入力する作業は少なくなっている。しかしながら，顧客の支払い方法は

現金だけでなく，商品券やクレジットカードそして電子マネーなど多様化している。またクーポン券や値引きシールそしてポイントカードへの対応といった業務もあり，レジ業務を迅速，正確，そして丁寧に行うには訓練が必要である。

1-5-2　レジでの接客

　セルフサービス販売方式の小売店におけるレジ係の役割は次のとおりである。

- 販売を締めくくる場所
- 買上商品の代金を授受する場所
- FSP データを収集する場所……（第4章　2-3参照）
- クレームに対応する場所
- 店内や売場を案内する
- サービス係（顧客の要望に対応する）
- サッカー係（商品の袋詰めや包装をする）
- キャッシャー係（代金授受のみを行う）
- チェッカー係（買上商品のバーコードをスキャニングする）

1-6　ミーティング

　ここでは，小売店におけるミーティングについて取り上げる。

1-6-1　ミーティングの意義・目的とテーマ設定

　ミーティングは，店舗で働く従業員の意見を調整したり，重要事項を周知徹底するために必要である。たとえ小規模な店舗であっても，複数の従業員がいる場合には，店舗で働く全員が共通の目標や考え方を持って仕事に取り組むためにミーティングが行われる。

　ミーティングの主なテーマには，売上目標を達成するための方策，本部における決定事項の報告と連絡，そして従業員のやる気を引き出すなどがある。

1-6-2　ミーティングの実施と進め方

　小売店の朝礼は時間が短いことから，経営理念の唱和や接客用語の復唱など
に限られることが多い。ミーティングは，短時間の朝礼では伝えきれない重要
事項や話し合いが必要な調整事項があるときに行われる。

　ミーティングでは，リーダーが迅速な進行を心がける必要がある。ミーティ
ングの際にリーダーが留意する点には，次のようなものがある。

- 綿密に事前準備を行う。
- リーダーは自分が発言するよりも，メンバーの発言を優先して，議論が活発
  化するように調整役をつとめる。
- リーダーは，メンバーの発言に賛成しかねる場合でも，まずはその発言を受
  け入れて，他のメンバーに是非を問うという，中立的な立場をとる。
- 少数意見のメンバーにも発言の機会を与える。
- 議論が脱線した際は，問題を整理する。
- 一つひとつのテーマについて，可能な限りメンバー全員の意見を求める。

2 包装技術の基本

　ここでは，包装の意義と目的，包装の種類と方法，和式進物包装について取
り上げる。

2-1　包装の意義と目的

　JIS（Japanese Industrial Standards：日本工業規格）では，「包装とは，物品の輸
送，保管などにあたって，価値および状態を保護するために適切な材料，容器
などを物品に施す技術および施した状態をいう」と定義している。

　包装は，商品そのものを入れる容器で個別の商品の価値を高める「個装」，
この個装を外部圧力から守る「内装」，そして輸送や保管に必要な梱包を施した
「外装」の3つに分けることができる。[2)]

　包装の目的は，大きく5つに分けられる。

① **商品の保護**　商品は，輸送や保管，小売店における陳列そして消費者が商品を買ってから消費し終えるまでの時間の経過に伴い，温度や紫外線，衝撃や振動などによって品質が劣化する。包装は，こうした品質劣化を防ぐ目的をもっている。

② **取り扱いの利便性を高める**　包装は，輸送や保管そして使用の際に，取り扱いの利便性を高めることができる。たとえば，液体である清涼飲料水や粉末の衣料洗剤は何らかの容器に入れないと輸送も保管もできない。

③ **販売単位の形成**　販売に適した大きさや重量そして個数などにまとめて包装することにより，販売単位を形成している。たとえば，1 kgや5 kgに詰められた米や，10個入りの卵のパックなどは，顧客の買物と家庭での使用を考えた販売単位である。

④ **販売促進**　包装は他社商品との差別化の手段として利用され，顧客に購買を促している[3]。このような目的で行われる包装を商業包装ともいう。

⑤ **情報伝達の手段**　商品の包装にブランドネームやブランドマーク，価格，製造業者名，使用方法や取扱説明，原材料名，そして消費期限や賞味期限などを記載することにより，商品の特性や品質などの情報伝達を行っている。

2-2　包装の種類と方法

　ギフト商品などを包装紙で包装する方法は，その目的や商品の形状によって異なるが，大きく4つに分けられる。

① **斜め包み**　手早くきれいに包める包装である。

② **合わせ包み**　斜め包みのように箱を回転させることができない場合の包み方である。

③ **ふろしき包み**　箱を回転させられない，もしくは高さのある箱の場合の包み方である。

④ **斜め合わせ包み**　正方形や正方形に近い箱の場合の包み方である。

　包装紙による包装では，のし紙（後述）と同様に慶事か弔事かによって，包

み方が異なる点に注意しなければならない。

2-3　和式進物包装

　和式進物包装には，古くからしきたりがあり，間違えないよう注意しなければならない。和式進物包装のポイントは次のとおりである。

① 表書き　贈り物の趣旨を伝えるために，贈り主の氏名の上にかく文字をいう（御歳暮，寿，御見舞，など）。

② 水　引　細い「こより」に「水のり」を引いて固めて，中央から2色に染め分けたものをいう。水引の結び方には，主に「蝶結び」と「結び切り」の2つがある。

③ の　し　本来は「のしあわび」のことで，あわびの肉を薄く長く切り，よくのばして干したものであるが，実際はそれを形式化したものを利用している。

④ 掛け紙　正式には檀紙または奉書紙を用いるが，小売店の多くは半紙や白紙で代用している。掛け紙としての半紙や白紙には，あらかじめ「のし」が印刷されている。

　和式進物包装全体の注意事項は，次のとおりである。

• 表書きは，慶事のときには濃い墨の色でかき，そして弔事のときは悲しみをあらわすために薄い墨の色でかく。

• のし紙を品物にかけたときに裏側で，のし紙の端が重なる場合は，慶事のときには向かって右端を左端の上に，そして弔事のときには向かって左端を右端の上にする。

• のし紙が品物より上下にはみ出るときは，のし紙を切らずに下から折り曲げる。

• 慶事の際でも，品物が魚のときには，のし紙はつけない。

3 ディスプレイの基本

ここでは，ディスプレイの目的と基本的役割，ディスプレイの基本的パターン，ファッション衣料品業界のディスプレイ技術について取り上げる。

3-1　ディスプレイの目的と基本的役割

ここでは，ディスプレイがどのような目的と役割をもっているかについて取り上げる。

3-1-1　ディスプレイの基本的性格

ディスプレイは，商品の売上に大きな影響をおよぼすことから，小売店舗において大きな関心が持たれている。しかしながら，小売店経営におけるディスプレイは，主観的な判断によって取り組まれることが多いという現状がある。

3-1-2　ディスプレイの基本要件

ディスプレイは，購買需要をつくり出す活動である。しかしながら店舗における主役は商品と顧客であり，ディスプレイではない。店舗運営におけるディスプレイは，顧客にそれぞれの売場に足を止めてもらい，商品を認識してもらうことにある。

顧客は，気に入った商品を選んで購入するために，売場にディスプレイされた商品の前に立つわけであり，ディスプレイを鑑賞するためではない。どんなに美しくそしてきれいにディスプレイがされていても，顧客の買いたい商品が購買目的に合わせて提案されていなければ購買には結びつかない。

すなわち，「ディスプレイとは，商品の価値を顧客に正しく訴求し，より多くの購買に結びつける演出技術である」といえる。したがって，販売につながらなければ「単なる陳列」であり，ディスプレイとはいえない。

3-1-3　ディスプレイの原則

　顧客のニーズが多様化した今日においては，ただ単に商品を陳列するだけで
はディスプレイされた商品の価値が顧客に伝わらない。

　小売業は，顧客に対して短時間で買物できるショートタイムショッピングや
1か所で必要な商品を同時に買えるワンストップショッピング，さらに楽しい
買物体験の場を提供することが求められている。そのためには，陳列器具や陳
列補助器具，そして POP 広告などを効果的に活用して商品価値を訴求する売
場をつくることが重要である。

　ディスプレイに取り組むうえでの原則は次のとおりである。

　ディスプレイとは，

・顧客が求めている商品を
・もっともみやすい適切な場所に
・少ない作業時間で，商品を効果的に組み合わせて，最適な数量を並べ
・関心の低い顧客にも訴求し
・買いたいと思うように動機づける

ことである。

　ディスプレイに必要な要素は，何を，いくつ，どこに，どの高さまで，どの
面を顧客に向けて，どのような形で，どの商品と一緒に，どのような色の組み
合わせ，でディスプレイするかである。

　ディスプレイする際は，どんな陳列器具を使って，いつ，誰が，誰の指示で
行うのか，をはっきりさせることが重要である。

3-1-4　ディスプレイの評価基準

　ディスプレイの評価基準は6つあり，実施する際の留意点は次のとおりであ
る。

① 商品がみやすいか　ひとつめはみやすさである。なぜなら商品がみやすくな

いと，顧客は欲しい商品を選べないからである．さらにみやすくないと，顧客に商品の価値が伝わらないからである．

商品がみやすいディスプレイを行う際の留意点は，次のとおりである．
- 商品の正面であるフェイスをそろえる．
- 大容量の商品は右側にディスプレイする．
- 大型商品は後方にをディスプレイする．

② **商品にふれやすいか**　2つめは，商品にふれやすいことである．ふれやすいディスプレイを行う目的は，商品に直接ふれさせることで，買いたいという衝動をおこさせるためである．さらに商品にふれてもらうことによって，その価値を認識してもらうことにある．

ふれやすいディスプレイを行う際の留意点は次のとおりである．
- 高く積み上げすぎない．
- 商品を詰め込みすぎない．
- 商品を結んだり，貼りつけたりしない（特に衣料品）．

③ **商品は選びやすいか**　3つめは，商品が選びやすいことである．選びやすさとは，顧客が店員に，似かよった商品の違いを聞かなくても，自ら購買決定の判断ができることを意味する．そのためには，商品の関連性を考えてディスプレイする必要がある．

選びやすいディスプレイを行う際の留意点は，次のとおりである．
- 色や価格帯そして使用目的などで商品を分類する．
- 隣り合った商品を仕切り板などで仕切る．
- 顧客にどのような基準で商品を分類しているかわかるようにする．
- POP広告をつける．

④ **商品に豊富感があるか**　4つめは，品ぞろえの豊富さを演出することである．商品の豊富感を高めるためには，品種のなかで品目の数を多くする，品種の

図表3-1　みやすさとふれやすさの範囲

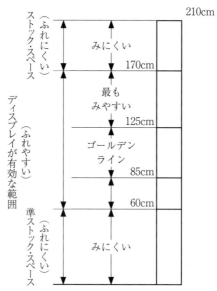

出所）日本商工会議所・全国商工会連合会編『販売士ハンドブック（基礎編）③ストアオペレーション』（2016：83）を一部修正

数を多くする，そして品種と品目の両方を多くする，の３つの方法がある。

⑤ **商品は魅力的か**　５つめは，商品の魅力を引き出すことである。ディスプレイによって商品価値を高めて購買を促す。

⑥ **ディスプレイの方法は効率的か**　６つめは，作業効率のよさである。ディスプレイ作業に多くの時間をかけることなく，効率的に多くの商品を補充する。

3-1-5　みやすさとふれやすさの範囲

小売店は業種や業態によって売場構成が異なることから商品のみやすさとふれやすさの範囲は異なる。また日本人の平均身長からすると，ゴンドラ（後述）にディスプレイされた商品がよくみえる範囲は，目線を中心とした125cmから170cmまでである。しかしながら，顧客がゴンドラの前に立ち止まって，

商品を選択する際には，目線よりやや低い高さにディスプレイされた商品がみ
やすくそしてふれやすい。したがって実際に商品にふれやすいゴンドラの範囲
は目線よりも下の85cmから125cmまでとなる。この85cmから125cmのス
ペースをゴールデンラインとよんでいる。もちろん顧客の身長によって目線や
手の届く範囲は異なり，子供用のお菓子などは，より低いスペースがゴールデ
ンラインとなる。

　このゴールデンラインにディスプレイされた商品の売上は，それ以外の高さ
に陳列された商品の売上より多くなることから，メーカーは自社の商品をゴー
ルデンラインに置いてもらうためにチェーンストアの本部バイヤーや各店舗と
交渉する。

　一般的に人間が横並びのものをみるときの視線は，左から右に流れていき，
さらに上から下へと流れていくのが普通である。そこで新聞の折り込みチラシ
の場合は，左上に消費者にもっともアピールしたい（もっとも価格訴求した）
商品を掲載したり，もしくは何日間のセールを知らせるチラシの場合には，左
上にセール初日の商品を掲載することが行われている。また自動販売機では左
上によく売れる商品を陳列することが行われている。

3-2　ディスプレイの基本的パターン

　ディスプレイの基本的なパターンは，陳列器具や位置，そして販売方法と並
べ方の組み合わせなどの要素から形成されるが，それは大きく2つに大別でき
る。

3-2-1　陳列器具の形状によるディスプレイの基本的パターン

　ここでは，陳列器具の形状によるディスプレイの基本的パターンの9つを取
り上げる。

(1)　平台陳列

　平台陳列は，衣料品・食料品・住関連商品の3部門にわたって使われている

ディスプレイのひとつである。平台陳列は，これまで売出しのときに用いる陳列器具であると考えられていたが，最近では百貨店や高級専門店などでも平台を活用し始めている。

　最近の平台陳列は季節性や話題性のある商品をディスプレイするのに利用されることが多くなってきている（永島，2010：26）。書店では新刊書籍，○○賞を受賞した書籍，話題性のある書籍や雑誌などを平台陳列している。ユニクロでは新聞折り込みチラシに掲載した商品を店頭入口に平台陳列することがある。

　平台陳列のメリットとデメリットは，次のとおりである。

メリット

- 店内の見通しがよくなる。
- 商品を山積みできるため，大量販売しやすい。
- 商品にふれやすい。
- 店内のどこにでも移動しやすい。
- 安さやテーマ性などを強調できる。

デメリット

- 他の陳列器具より横幅が広いため，置く場所を十分に検討する必要がある。
- 商品を高く積みすぎると崩れやすい。
- 複数の商品を混ぜ合わせてディスプレイすると，押されたりすることにより，商品が傷みやすい。

　このようなメリットとデメリットを考慮した平台陳列の留意点は，次のとおりである。
- 商品の積む高さを制限する。
- アンコ[4]を利用する。

(2)　ハンガー陳列

　ハンガー陳列は，衣料品，なかでもジャケットやズボンのディスプレイに多

く利用されている。この陳列方法を使うと，衣服を畳んでディスプレイする必要がないので，小売店では作業効率がよくなり，作業時間を削減することができる。一方，顧客からすると商品を手に取りやすくなる。

　ファーストリテイリング傘下のユニクロとGUを比較すると，低価格帯で流行商品が多いGUの方がハンガー陳列を多用しているのは，この作業効率を重視しているからである。[5]

　ハンガー陳列のメリットとデメリットは，次のとおりである。

メリット

- 衣服が型崩れしにくい。
- 顧客が商品にふれやすい。
- 効率的に陳列できる。
- 店員が作業しやすい。
- 売場が乱れにくい。

デメリット

- 商品分類やサイズなどの間違いを発見しにくい。
- 商品のフェイスがみえにくい。
- 商品を詰め込みすぎると，顧客が商品を取り出しにくくなる。
- 商品に埃や汚れがつきやすい。

　このようなメリットとデメリットを考慮したハンガー陳列の留意点は，次のとおりである。

- ハンガーごとの商品グループがわかるようにする。
- 衣服がハンガーから落ちないように定期的に見回りする。
- わかりやすい位置に値札をつける。
- サイズ表示をわかりやすくする。
- 商品の向きをそろえる。

(3) ゴンドラ陳列

ゴンドラ陳列は，定番商品を顧客にわかりやすく訴求するためのディスプレイである。食品スーパーやコンビニエンスストアの中通路などで利用されている。

ゴンドラ陳列のメリットとデメリットは，次のとおりである。

メリット

• 数多くの品目を陳列できる。

• 商品の在庫が管理がしやすい。

• 商品のフェイスをそろえることにより，みやすさを演出できる。

• 陳列が崩れにくく，商品が傷みにくい。

デメリット

• 陳列が乱れやすい。

• ディスプレイが単調となりやすい。

• 商品の補充と前出し作業に手間がかかる。

• 最上部や最下部の商品はみえにくく，そして取りにくい。

このようなメリットとデメリットを考慮したゴンドラ陳列の留意点は，次のとおりである。

• 隣の商品との間に隙間をつくらない。

• 商品分類を明確にする。

• 商品補充を定期的に行う。

(4) フック陳列

フック陳列はフック陳列用にパッケージされた商品をフックバーにかけてディスプレイする方法である。食品売場ではキャンディーや四連菓子など，衣料品売場では靴下やストッキングなどを陳列する際に利用されている。

フック陳列のメリットとデメリットは，次のとおりである。

メリット

- 商品がみやすい。
- 商品の在庫数量がわかりやすい。
- 商品を整理しやすい。

デメリット

- ひとつの品目を大量には陳列できない。
- 大きい商品や重たい商品はディスプレイできない。
- フック用のパッケージが傷みやすい。
- フックにより，顧客が商品を出し入れしにくい。

　このようなメリットとデメリットを考慮したフック陳列の留意点は，次のとおりである。

- 商品を詰め込みすぎない。
- 顧客が取りやすい高さにディスプレイする。
- 前進陳列する。
- 商品のフェイスをそろえる。
- 商品パッケージの汚損や破損を取り除く。
- 空いたスペースをつくらない。

⑸　ボックス陳列

　ボックス陳列は，いくつかの箱を積み重ねたような仕切りをした陳列器具に，分類基準に従って商品をディスプレイする方法である。主にセーターやブラウスそしてワイシャツなどの衣料品の陳列に利用されている。

　ボックス陳列のメリットとデメリットは，次のとおりである。

メリット

- 色やサイズで商品を分類しやすい。
- 他の売場と違ったイメージを出せる。

デメリット

- 商品全体がみえにくい。
- 商品整理に時間と手間がかかる。
- 衣服を畳みにくいため，顧客が手に取りにくい。

　このようなメリットとデメリットを考慮したボックス陳列の留意点は，次のとおりである。

- 顧客に商品全体をみせたり，手に取りやすくするために，一部の商品をボックスから出してハンガーなどにディスプレイする。

(6)　ショーケース陳列

　ショーケース陳列は，商品をショーケースのなかに収めておいて，顧客の要望に応じて販売員が商品を取り出してみせる形式の陳列方法である。主に時計や宝飾品などの貴金属製品の陳列に利用されている。

　ショーケースは大別すると，背の高いウインドウタイプ，対面販売方式で利用されるカウンタータイプ，店頭や店内の広い空間に独立して設置される島型のアイランドタイプに分けられる。

　ショーケース陳列のメリットとデメリットは，次のとおりである。

メリット

- 商品が汚れにくい。
- 高級なイメージを演出できる。

デメリット

- 商品のディスプレイに時間がかかる。
- 商品全体がみえない。
- 顧客が自由に商品にふれられない。
- 商品を説明できる専門知識をもった販売員が必要になる。

　このようなメリットとデメリットを考慮したショーケース陳列の留意点は，

次のとおりである。

• 商品のフェイスを顧客に向ける。

• 一部の商品をサンプルとしてショーケースの上や外に陳列する。

• 商品の売れ行きに合わせて，ディスプレイを変更する。

• 陳列補助器具を活用する。

• 商品がみやすく，そして引き立つように照明を工夫する。

(7)　エンド陳列

　エンドは，ゴンドラの両端の部分をさしており，エンド陳列はそこに商品を陳列する方法である⁶⁾。主に特売商品や季節商品，そして新商品の陳列に利用されている。

　エンド陳列のメリットとデメリットは，次のとおりである。

メリット

• 大量陳列ができ，顧客の目にとまりやすい。

• 安さをアピールできる。

• 新商品や売りたい商品をアピールできる。

• 季節感を演出できる。

デメリット

• 陳列作業に時間がかかる。

• 陳列が乱れやすい。

• 通路をふさぎやすい。

　このようなメリットとデメリットを考慮したエンド陳列の留意点は，次のとおりである。

• 商品を高く積み上げすぎない。

• 通路にはみ出さないように陳列する。

• 多くの品目を陳列しない。

• POP 広告をつける。

- 隣り合う商品のカラーコントロールに気をつける。
- 売れた商品の空きダンボール箱などを片付ける。

(8) ステージ陳列

　ステージ陳列は，売場に舞台のようなものをつくり，商品をディスプレイする方法である。主に衣料品などのファッション商品を扱う専門店で利用されている。

　ステージ陳列のメリットとデメリットは，次のとおりである。

メリット

- 流行商品や季節商品をアピールできる。
- 高級なイメージを演出できる。
- 衣服の着用感を訴求できる。
- 店舗全体をイメージアップできる。

デメリット

- 商品が汚れやすい。
- 場所をとるために，スペースコストが高い。
- 陳列作業に時間と技術が必要となる。

　このようなメリットとデメリットを考慮したステージ陳列の留意点は，次のとおりである。

- 顧客を店内誘導するのに効果的な位置に設置する。
- 季節を先取りするテーマを設定した陳列とする。
- 売れ筋商品や流行商品，そして店舗イメージを高めるような商品をコーディネートして陳列する。
- 陳列補助器具や装飾などを活用して，商品を引き立てる。
- POP 広告やショーカードなどをつけて，顧客に商品価値を伝える。
- 定期的にディスプレイを変更する。

⑼　**カットケース陳列**

　カットケース陳列は，商品が入っている外箱を利用してディスプレイする方法である。ダンボール箱の上部にカッターナイフで切り込みを入れて，陳列する。主に食料品や家庭用品などの陳列に利用されている。

　カットケース陳列のメリットとデメリットは，次のとおりである。

メリット

- 積み上げることにより，商品陳列にボリュームを出せる。
- 多くの数量をディスプレイできる。
- 安さをアピールできる。

デメリット

- ダンボール箱などのカット作業が必要になる。
- 空いたダンボール箱の片付けが必要になる。
- 顧客に安売りの店舗というイメージをもたれやすい。

　このようなメリットとデメリットを考慮したカット陳列の留意点は，次のとおりである。

- ダンボール箱を決めた型どおりにカットする。
- 顧客の買物の妨げにならないように，売れた商品の空ダンボール箱を速やかに取り除く。
- POP 広告やショーカードをつける。
- 陳列の前面は，商品のフェイスをそろえて，顧客に商品がよくみえるようにする。

3-2-2　販売方法の特徴によるディスプレイの基本的パターン

　ここでは，販売方法の特徴によるディスプレイの基本的パターンの9つについて取り上げる。

(1) 前進立体陳列

　前進立体陳列は，商品のフェイスを顧客側にそろえて盛り上がった感じにつくり，商品のボリューム感を演出するとともに，顧客に商品を取りやすくするディスプレイ方法である。主に野菜や果物の売場で利用されている。

　前進立体陳列のメリットとデメリットは，次のとおりである。

メリット

- 商品がみやすい。
- 商品にふれやすい。
- 商品を選びやすい。
- 商品陳列にボリュームを出せる。

デメリット

- 陳列数量を見間違うおそれがある。
- 商品が売れるにつれて，ディスプレイが乱れやすく，そして崩れやすい。
- 商品を補充する際に，先に陳列されている商品の後ろに補充するため，陳列作業に時間がかかる。

　このようなメリットとデメリットを考慮した前進立体陳列の留意点は，次のとおりである。

- 陳列のはみ出しや空きスペースがないようにする。
- 商品を補充する際には，先入れ先出しを徹底する。
- 前出しを徹底する。
- 商品の形を利用して，商品を積み上げる。
- アンコを活用する。

(2) 先入れ先出し陳列

　先入れ先出し陳列は，日付の新しい商品を陳列棚の奥に入れ，先に仕入れた日付の古い商品を前面の取りやすい位置に引き出してディスプレイする方法である。主に消費期限や賞味期限のある食料品で利用されている。また同じ商品

であっても，日付の古い商品と新しい商品とでは，商品パッケージが変更になることもあるため，家庭用品や衣料品でも行われる。

　先入れ先出し陳列のメリットとデメリットは，次のとおりである。

メリット

・商品鮮度を保つことができる。

・古い商品が売れ残らないようにできる。

デメリット

・補充商品をあとから売るために，売場の奥に並べ，すでに奥に並べてある日付の古い商品を手前に引き出すという作業に時間と手間がかかる。

　このようなメリットとデメリットを考慮した先入れ先出し陳列の留意点は，次のとおりである。

・作業時間がかかるため，顧客の買物を妨げないようにする。

・商品のフェイスをそろえる。

(3)　ジャンブル陳列

　ジャンブル陳列は，商品の陳列を整えずに，カゴやバケツなどにわざとバラバラにして投げ込んだようにディスプレイする方法である。この陳列は投げ込み陳列ともよばれている。食料品や家庭用品などさまざまな商品分野の陳列に利用されている。

　ジャンブル陳列のメリットとデメリットは，次のとおりである。

メリット

・ディスプレイに時間がかからない。

・安さをアピールできる。

・衝動買いを起こさせやすい。

デメリット

・陳列数量が少なくなると，売れ残り商品であると思われやすい。

・下側の商品が押されて傷みやすい。

- 商品の品質イメージが低下する。
- ボリューム感を出して訴求する必要がある。

　このようなメリットとデメリットを考慮したジャンブル陳列の留意点は，次のとおりである。

- ひとつのカゴなどに陳列する際は，１品目または１テーマの商品群に限定する。
- POP広告をつける。
- 高価格の商品の陳列には利用しない。

(4)　コーディネート陳列

　コーディネート陳列は，複数の異なる商品を組み合わせて，全体を調和させるディスプレイ方法である。ファッション衣料の売場で利用されることが多い。家具などを販売しているイケアでは，家庭における一部屋全体を提案するというかたちで利用されている。

　コーディネート陳列のメリットとデメリットは，次のとおりである。

メリット

- 商品イメージを高めることができる。
- 他の売場との違いをアピールできる。
- 関連商品の同時購買を促すことができる。
- 顧客に使用感を伝えられる。
- 顧客の商品選択を促すことができる。

デメリット

- 陳列に時間がかかる。
- 異なる商品を組み合わせるための感性や技術力そして専門知識が必要となる。

　このようなメリットとデメリットを考慮したコーディネート陳列の留意点

は，次のとおりである。

- 商品同士の調和を理解してディスプレイする。
- 顧客にコーディネートのねらいがわかるようにする。
- 顧客に複数の組み合わせパターンを提示する。

(5)　オープン陳列

　オープン陳列は，商品をショーケースのなかなどにしまわずに，顧客が自由にふれられるようにするディスプレイ方法である。

　オープン陳列のメリットとデメリットは，次のとおりである。

メリット

- 顧客が自由にふれられることにより，商品の品質や手触りを直接確認できる。
- 顧客に商品を説明する手間が省ける。
- 顧客が関心を示した商品がわかる。

デメリット

- ディスプレイが乱れたり，商品が汚れたりしやすい。
- 売場に埃がたまりやすい。
- 服飾品などの陳列に利用する際には，ディスプレイを手直しするのに時間がかかる。

　このようなメリットとデメリットを考慮したオープン陳列の留意点は，次のとおりである。

- ディスプレイの乱れを定期的に手直しする。

(6)　サンプル陳列

　サンプル陳列は，見本品をディスプレイする方法である。主に食料品や家庭用品のギフト（進物）といった箱入商品，そしてスポーツ用品売場で利用されている。

サンプル陳列のメリットとデメリットは，次のとおりである。

メリット

- 商品を手にとらせることにより，商品の価値を伝えやすい。
- 多くの種類の商品を比較検討できる。
- 顧客の視線を集めることができる。
- ディスプレイの作業時間を少なくすることができる。
- 陳列場所が少なくてすむ。

デメリット

- 商品のボリューム感を出せない。
- 商品の在庫置場が別の場所に必要になる。
- 商品の種類によっては，専門的な説明が必要になる。

このようなメリットとデメリットを考慮したサンプル陳列の留意点は，次のとおりである。

- 実物商品をサンプル商品の近くに置く。
- サンプルの体裁を同じようにする。

(7) **レジ前陳列**

レジ前は，レジ待ちする顧客が精算を待つ間についで買いを誘うための売場であり，そこで行うディスプレイ方法である[7]。

レジ前陳列のメリットとデメリットは，次のとおりである。

メリット

- 多くの顧客の目につきやすい。
- 顧客が商品にふれやすい。
- ついで買いを促すことができる。

デメリット

- レジ前が混雑しやすい。
- 顧客がゆっくりと商品を選べない。

　このようなメリットとデメリットを考慮したレジ前陳列の留意点は，次のとおりである。

- 商品をレジよりも高く積み上げない。
- 商品をレジの通路面にはみ出させない。
- 陳列の手直しと商品の補充を定期的に行う。

⑻　島（アイランド）陳列

　島陳列は，店内の主通路に平台などの陳列器具を使って小さな陳列部分をつくり，顧客の注目を引くディスプレイ方法である。

　島陳列のメリットとデメリットは，次のとおりである。

メリット

- 商品を手に取りやすい。
- 安さをアピールできる。
- 大量販売ができる。

デメリット

- 通路が狭くなるために，顧客の買物の妨げになりやすい。
- 商品の陳列が乱れやすい。

　このようなメリットとデメリットを考慮した島陳列の留意点は，次のとおりである。

- 広い主通路だけに限定する。
- 多くの箇所につくらない。
- 商品を定期的に変更する。
- POP広告やプライスカードなどをつける。
- 陳列補助器具や装飾などを活用する。

⑼　**壁面陳列**

　壁面陳列は，売場の壁面に商品をディスプレイする方法である。主に衣料品や服飾雑貨の売場で利用されている。最近では，複数階の売場をもつドラッグストアやディスカウントストアが階段の壁面に商品をディスプレイしていることがある。

　壁面陳列のメリットとデメリットは，次のとおりである。

　メリット

- 床から天井までディスプレイや装飾が可能である。
- 立体的なディスプレイにより，商品の豊富感を強調できる。
- 特定の品目を集中させることにより，売場の印象を高めることができる。

　デメリット

- 高い位置に陳列した商品は，顧客が商品を取りにくい。
- ディスプレイ作業に時間と手間がかかる。

　このようなメリットとデメリットを考慮した壁面陳列の留意点は，次のとおりである。

- 顧客の回遊性を重視するようなディスプレイにする。
- 顧客の足を引き留めるようなディスプレイをつくる。
- 単調なディスプレイにならないようにする。
- 要所に見出し的なポイント陳列[8]をつくる。
- 顧客の手が届く高さまでに，売れ筋商品や売りたい商品を集中させる。

3-3　ファッション衣料品業界のディスプレイ技術

　ファッション衣料品業界におけるディスプレイ技術は，ファッションの固有性ゆえに前述の「陳列器具の形状によるディスプレイの基本的パターン」や「販売方法の特徴によるディスプレイの基本的パターン」とは異なる部分が多い。

3-3-1　ファッション衣料品のディスプレイの基本

ファッション衣料品のディスプレイには，「空間コーディネート」と「カラーコーディネート」の2つが重要である。

空間コーディネートには，大きく6つのパターンがある。

① 三角構成　商品やマネキンのボディなどの配置や空間構成を行う際の基本となるパターンである。三角構成は，ディスプレイ・スペース全体を対象として，立体三角形の枠内にまとめる方法である。

② リピート構成　同一品目内の色違いやサイズ違いの品ぞろえのパターン，あるいは同一カラー内におけるデザインや価格帯の違いによる品ぞろえのパターンなどのように，同じ陳列展開を繰り返してみせるディスプレイパターンである。

③ 対称構成　左右を対称にするディスプレイパターンである。落ち着いた感じを演出できることから，フォーマルな商品のディスプレイに適している。

④ 非対称構成　左右のバランスを意図的に非対称にすることにより，斬新なイメージを演出するディスプレイパターンである。

⑤ 集中構成　商品を1か所に集中させるディスプレイパターンである。

⑥ 拡散構成　商品を陳列フレームからはみ出るようにするディスプレイパターンである。

人間の視覚情報のなかで，色は最初に目に入る。商品の色を組み合わせてカラーコーディネートして，売場を演出するには5つのポイントがある。

① 遠くからでも目立つようにする。

② テーマカラーを統一する。

③ 色調を統一する。

④ アクセントカラーを効果的に使う。

⑤ カラーライゼーションのルールを守る。[9)]

3-3-2 カラーコーディネートの関連用語

カラーコーディネートに関連する用語には，次のようなものがある。

① ビジュアルマーチャンダイジング（VMD）　顧客の視覚に訴えかける品ぞろえ手法を意味する。

② カラーコントロール　売場にディスプレイする商品のさまざまな色を，一定の基準で分類・整理して，店舗全体のイメージをつくり出すディスプレイ技術である。

③ アクセントカラー　売場やディスプレイのなかに注視するポイントをつくるために，強調した色を小さな商品に使うことを意味する。

④ グラデーション　規則どおりに徐々に色を変えていくことを意味する。

⑤ セパレーション　同じような色の商品が隣同士にディスプレイされないように，商品を離すことをいう。

3-3-3 ディスプレイパターンの関連用語

衣料品のディスプレイパターンに関連する用語には，次のようなものがある。

① ハンギング　衣服をハンガーに掛けるディスプレイパターンである。

② フォールデッド　衣服を畳んでみせるディスプレイパターンである。

③ フェースアウト　ハンギング陳列において衣服の正面をみせるディスプレイパターンである。

④ スリーブアウト　ハンギング陳列において衣服の袖をみせるディスプレイパターンである。

3-3-4 陳列器具の備品

ファッション衣料品における陳列器具の備品に関連する用語には，次のようなものがある。

① プロップ　ステージ陳列やショーウインドウ陳列などの際に使用する演出小道具をいう。

② リアルマネキン　人体を忠実に再現したマネキンをいう。

③ アブストラクトマネキン　体の一部を変形したり，歪曲させたりしたマネキンをいう。

④ スカルプチュアマネキン　頭部のないマネキンや，髪と肌の色が同一であるマネキンのような，特徴的な頭部にしたマネキンをいう。

⑤ トルソー　布張りや合成樹脂などでつくられた上半身のボティをいう。

⑥ ライザー　帽子のスタンドなどの陳列補助器具をいう。

3-3-5　ショーウインドウ陳列の技術

　ショーウインドウは，小売店の前を通る多くの消費者に商品を強くアピールすることが目的である。そのためショーウインドウは，小売店のイメージを高める場所であるという考えをもち，通行人の視線を引きつけ，興味をもたせるような演出を行い，1人でも多くの消費者を店内に誘い込むような陳列にする必要がある。

　しかしながらショーウインドウは，商品をよりよくみせることについては優れているが，商品に手をふれさせることができないというデメリットがある。このデメリットを補うポイントには，次のようなものがある。

• ショーウインドウ陳列するに相応しい商品を選定する。

• ショーウインドウの背景の色を十分に検討する。

• 季節を先取りするような演出を行う。

• 商品を引き立たせるような照明を使う。

• 商品のアピールポイントを強調する。

• 説得力のあるショーカードをつける。

• プライスカードをつける。

　このようなポイントを考慮したショーウインドウ陳列の留意点は，次のとおりである。

• 通行人の視線を引きつけ，足を止めさせるような集視ポイントをつくる。

- 興味や関心を引くようなテーマ性をもったディスプレイをつくる。
- 季節感や話題性などを適切に打ち出す。
- 量感やムードを十分に表現するようなディスプレイをつくる。そのために陳列補助器具を活用する。
- ショーウインドウの前で足を止めた顧客を店内にスムーズに誘導できるような導線計画をつくる。

　ここまでみてきた本節のディスプレイの基本は，いわゆる店頭マーケティング（インストア・マーチャンダイジング）ともいえるものである。すなわち小売店舗で消費者が商品を購入する際にどのようなマーケティングを行えばよいかというものである。

　たとえば清涼飲料水を買うという購買行動を考えたときに，自動販売機やコンビニエンスストアで購入する場合は購買者自身がそれを飲むのに対し，総合品ぞろえスーパーや食品スーパーマーケットで主婦が購入する場合は自分以外の家族が飲むことを前提に購入するということがある。すなわち後者の場合には購入者と飲用者が異なる。この場合，小売店が飲用者に対するマーケティングを行って購買を促したとしても，購買者にそれが伝わらなければ購入につながらないことがある。そこでこうした小売業態では購買者に対するマーケティングを行う方が効率的であるという考え方から生まれたのが，ショッパー（購買者）・マーケティングである（流通経済研究所，2011：6）。

4 作業割当の基本

　ここでは，ワークスケジューリングの基本知識，パートタイマー・アルバイトの活用方法について取り上げる。

4-1　ワークスケジューリングの基本知識

　ここでは，ワークスケジューリングの重要性，作業割当表の作成について取

り上げる。

4-1-1　ワークスケジューリングの重要性

　小売店は，顧客に接客したり，レジで会計したり，商品を陳列したり，顧客の問い合わせに対応したりすることから，労働生産性に依存したビジネスであり，製造業と比較すると利益率が低い。特に中小小売店は，人件費などの固定費比率が高い。人件費は小売店の利益を増減させる重要な要素である。

　人時（マンアワー）は，チェーンストアにおける作業量と作業人員（人手）の共通単位をいい，ある作業の始まりから終わるまでに要する従業員の手間を工数として労働時間で表すことである。

　人時生産性とは，従業員1人が1時間当たりに稼ぎ出す粗利益高をいう。

$$人時生産性 = \frac{粗利益高}{総労働時間}$$

　人時生産性を基本として店舗運営を行うことは，小売店の利益向上に結びつくことから，小売店が人時生産性を向上させるためには，作業割当表（ワークスケジューリング）を作成して，それに従って仕事をする必要がある。

　作業割当は，小売業の売上高や従業員数といった企業規模の大きさに関係なく，どのような小売業にも欠かせないものである。作業割当は，「誰が，何時から何時まで，どこで，どんな作業を行うのか」ということを，誰でもわかるように具体化することである。

　人数が多すぎたり，無駄な作業に追われたりすれば，人件費の増加に売上が追いつかずに利益は減少してしまう。逆に，人数が少なければ利益は増えるが，売場が乱れたり，顧客サービスがおろそかになりかねない。作業割当表を作成するのは簡単なことではない。

4-1-2　作業割当表の作成

　店長やマネージャーなどの管理者が店舗にいる場合は，状況に応じて従業員に作業を割り当てることができるが管理者が常に店舗にいるとは限らない。そこで管理者がいなくても，店舗が滞りなく運営されるように，「誰が，どのような作業を，どの時間帯に行うか」という作業割当を決めた上で，店舗全体としての作業割当表を作成する必要がある。

　作業割当に基づいて，時間帯別の作業割当表を作成することで，「ある従業員に仕事が集中する」，「別のある従業員には仕事がない」といった人員配置のバラツキをなくすことができ，従業員間の仕事量の均衡がはかれる。

　作業割当表は，レジ操作，商品補充，商品発注，清掃など，店舗で行われている日々の作業について，従業員の能力を考慮しながら「どの仕事を」「いつ」「誰が行うか」という基準で割り当てた一覧表のことをいう。

　作業割当表を作成する際の留意点は，次のとおりである。

- レジ操作や商品補充などの重点作業を優先する。
- 作業時間に余裕をもたせる。
- 従業員ごとに，それぞれの作業についての習熟度や知識を把握しておく。
- 1週間単位で作成する。

4-2　パートタイマー・アルバイトの活用方法

　ここでは小売店の人材として欠かすことができない，パートタイマー・アルバイトの活用方法について取り上げる。

4-2-1　貴重な戦力としてのパートタイマー・アルバイト

　日本ではバブル経済の崩壊による景気低迷により，1990年代中頃から正規社員からパートタイマーやアルバイトへの移行が進展している。小売業，なかでもチェーンストアにおいては，パートタイマーやアルバイトがいなければ店舗運営が成り立たない状況にある。

4-2-2　パートタイマー・アルバイト活用のメリットとデメリット

パートタイマーやアルバイトを活用する際には，そのメリットとデメリットを知っておく必要がある。

メリット

- 正規社員より人件費が安い。
- 有期雇用契約を結ぶことができる。
- 「必要なとき，必要なだけ」労働力を確保できる。

デメリット

- 長期的な戦力になりにくい。
- 正規社員と比較すると「働く時間や日数が少なく限定」されることが多い。
- 正規社員と比較すると，専門知識やスキルが劣ることが多い。
- 店舗への不平・不満や悪口が口コミで広がると，店舗イメージが傷つくおそれがある。

4-2-3　パートタイマー・アルバイト活用の仕組みづくり

パートタイマーやアルバイトのやる気を引き出して，戦力化していくためには，金銭面で処遇するとともに，活用のメリットとデメリットを踏まえたうえでの仕組みづくりが必要であり，次のような点に留意する必要がある。

- 職場の人間関係が円滑になるようコミュニケーションを取る。
- 能力により時給に差をつける。
- 勤務シフトを柔軟にする。
- 正規社員と区別しない。

パートタイマーやアルバイトを活用するためには，作業内容やそのやり方を記した「作業マニュアル」が必要になる。また新しいパートタイマーやアルバイトが入ったときには，先輩社員がトレーナーとなるOJT（On the Job Training）によって，店舗実務を身につけさせるという仕組みづくりが必要である。

注————

1）『日本経済新聞』 2017年4月18日朝刊1面。

2）カロリーメイトブロックの4本入りでいえば，2本をまとめて包装しているのでそれが個装，2本入りを2つまとめて販売単位としているのでそれを内装，30箱を1ケースとしてダンボールで包装しているのでそれが外装である。

3）キリンビバレッジの缶コーヒー「ファイア」のデザイン「ダイヤカット」は他社の缶コーヒーとは異なる包装・デザインで，小売店の売場で目立っている。

4）アンコとは，ディスプレイする際に商品を，立体的にボリュームをつけて積み上げるときに使われる発泡スチロールやプラスチックそしてダンボールなどの資材のことをいう。アンコのことをダミーということもある。積み上げる際にアンコを使うことで，陳列数量が少なくても多くの数量があるようにみせることができる。また平台の前後に異なる商品を陳列する際には，うしろの商品の下にアンコを使うことで，商品をみやすく，そしてふれやすくできる。

5）TBS系列『がっちりマンデー!!』「ジーユー儲かる裏側にテレビ初潜入！ユニクロとはちょっと違う！　安さの秘密とは⁉」2017年10月22日放送。

6）小売業界では，エンド陳列するための作業を「エンドをつくる」ということがある。

7）小売業界では，レジ前陳列を「レジ前エンド」ということがある。

8）ポイント陳列とは，あるファッションや季節性をPRするときなどに，そのテーマを強く主張するためのディスプレイ方法のことをいう。

9）カラーライゼーションのルールとは，色数の多い商品の場合には，ディスプレイする順番に規則性をもたせることで，自然で落ち着きのある演出ができることをいう。

引用・参考文献————

伊藤匡美「小売業の情報システム」懸田豊・住谷宏編『現代の小売流通（第2版）』中央経済社，2016年

永島幸夫『「リーテル・サポート営業」のやり方がわかる本』同文舘出版，2010年

日本商工会議所・全国商工会連合会編『販売士ハンドブック（基礎編）〜リテールマーケティング（販売士）検定試験3級対応〜 ③ ストアオペレーション』カリアック，2016年

流通経済研究所編『ショッパー・マーケティング』日本経済新聞出版社，2011年

流通システム開発センター編『概説　流通SCM〜次世代の流通情報システム標準化〜』流通システム開発センター，2007年

マーケティング

1 小売業のマーケティング

　ここでは，マーケティング（Marketing）の基本知識について解説し，メーカーのマーケティングと小売業のマーケティングの違いについて解説する。

1-1　マーケティング

　マーケティングとは，企業による市場への接近法であり，製品やサービスを売り込む技術ではなく，顧客ニーズを見極めてそれに応えることである。マーケティングが目指すものは，顧客を理解し，製品とサービスを顧客に合わせ，おのずから売れるようにすることである。マーケティングは，その諸活動の中心に顧客を位置づけており，そのために顧客ニーズやウォンツ，そして行動への十分な理解が必要とされる。[1]

1-2　小売業のマーケティング

　小売業におけるマーケティングは積極的な販売促進活動によって顧客の購買需要を刺激することである。それは，店舗を起点として自己の商圏を積極的に刺激することであり，マーチャンダイジング（商品化政策）やストアオペレーション（店舗運営業務）とは異なる。以上のように，自己の店舗を中心とした購買需要創造の諸活動を「マイクロ・マーケティング」とよぶ。

　一般的に，メーカー（製造業）などが展開するマーケティングは，特定の消費者集団に焦点を合わせ，自社商品やブランドをマスメディアなどで知らせ，大量に流通させることで販売シェアを拡大しており，「クラスターマーケティ

図表4-1　消費財メーカーと小売業のマーケティングの違い

	消費財メーカー	小売業
タイプ	マス・マーケティング	マイクロ・マーケティング
展開の範囲	広域的エリア （グローバル志向）	狭域的エリア （リージョナル志向）
標　的	原則的にマス市場 （不特定多数の消費者）	自店の商圏 （特定多数の顧客）
ねらい	自社のブランド（市場）シェア の拡大	自店の顧客（来店率と購買率） シェアの拡大
手　段	少品目大量販売型	多品種少量販売型
コミュニケーション媒体	テレビCMなどのマスメディア中心で，流通プロモーションにもコスト投下 （高コスト）	チラシ広告やDMなどの媒体中心で，店頭を活用したイベントなどの実施 （低コスト）

出所）鈴木『マイクロマーケティング入門』（2008：16）を加筆修正

ング」あるいは「マス・マーケティング」とよばれる。これに対して，小売業が展開するマイクロ・マーケティングは，店舗を起点として自己の商圏内の顧客を対象とする「パーソナル・マーケティング」である。

　すなわち，マーケティングの展開範囲からみると，メーカーのマーケティングは広域的（グローバル志向）であり，小売業のマーケティングは狭域的（リージョナル志向）であるといえる。このように，メーカーと小売業は，展開の範囲，標的，ねらい，手法，コストなどにおいて異なる特徴をもつ。

1-3　小売業マーケティングの4つのP

　顧客志向の考え方を実践するためには，何よりもマーケティングを取り巻くさまざまな環境をできる限り正確に把握して環境不確実性を低下させ，そのうえで，「製品(Product)」「価格(Price)」「流通(Place)」「プロモーション(Promotion)」という4つのPに分けられるマーケティング諸手段を，顧客ニーズやウォンツによりよく適合させ，これらのマーケティング諸手段を管理することが必要となる（池尾・青木・南・井上，2010：2）。

　小売業のマーケティングもメーカーのマーケティングと同様，4つのPに基

づいているが，メーカーのそれとは異なる特徴をもつ。それは，次のとおりである。

① プロダクト（Product）　小売業における製品政策はマーチャンダイジング（商品化政策）のことをさす。小売業は，各メーカーのさまざまな製品を，自社の業態特性や商圏内顧客のニーズやライフスタイルに合わせた品ぞろえや売場構成を決定する。すなわち，顧客ニーズの変化に応えられるマーチャンダイジングが重視されている。

② プライス（Price）　小売業の価格政策は，仕入れた商品の値入に基づくエブリデイフェアプライス（地域基準の公正価格）を基本としている。自社の業態や商圏の特性，経済状況，競争店の売価設定状況などを考慮して，その店舗に合わせた売価を設定する。[2]

③ プレイス（Place）　小売業のマーケティングにおいて，商品を売る相手は商圏内の特定少数の顧客に限定されることが多い。そのため，小売業のチャネル政策は商圏（立地）の選定や業態開発によるストアロケーションが基本となる。そのため，出店の場所，ターゲットとなる顧客，最適な業態を決めることが重要課題となる。

④ プロモーション（Promotion）　小売業における需要喚起は，店舗を活用したイベントやキャンペーン，クーポン券の発行などを用いたリージョナルプロモーション（店舗起点の狭域型販売促進）が基本となる。それによって，地域の購買需要を刺激し，継続的な来店を促し，1店舗当たりの売上と利益の増加を目標とする。

2 顧客満足の経営

ここでは，顧客志向，顧客維持，フリークエント・ショッパーズ・プログラム（FSP）について解説する。

2-1　顧客志向

　高度経済成長期における小売業の競争は，市場シェアを拡大させるための売上至上主義が蔓延していた。今日では同質化競争を回避するために，顧客が何を望んでいるかを把握し，その解決策を提案する「顧客志向の経営」が注目されている。すなわち，商品を販売することで終わってしまうような関係ではなく，双方的かつ継続的な関係形成を基本とした親身な接客などを強化している。

　多くの小売業は顧客重視型経営や顧客満足経営を重視し，小売業と顧客との相互理解を図り，顧客満足度の向上を目指している。このような顧客志向の経営が注目されるようになった理由として，市場が企業主導型から顧客主導型へと移行してきたことをあげることができる。このような顧客を事業の起点とする顧客志向の経営こそ，小売業のマーケティングの原点であるといえる。

　小売業における顧客満足度を向上させるためには，長期的な観点からの顧客理解を基に，商品，サービス，店舗などについての顧客期待に応えることが必要である。いかに優れた商品やサービスを提供していても，正しい顧客理解に基づいたマーケティング活動が実践できなければ，事業を成功へと導くことは難しい。それは小売業においても同様である。企業の目的が顧客の創造であり，顧客が利益の源泉であるため，企業は顧客満足を重視した経営活動を実現しなければならない。

　小売業における顧客満足経営とは，小売店が顧客一人ひとりの顧客満足度を向上させることを経営理念として経営活動を実践することである。それは，既存の売上至上主義からの脱却を意味し，顧客を事業の起点にすることで，「何を売りたいのか」ではなく，「顧客は何を買いたいか」に注目し，高い顧客ロイヤルティ（忠誠心）を獲得できる仕組みづくりのことである。

　従来，小売業の顧客満足経営は，① 商品，② サービス，③ 店舗を基本原則としていた。これらは売上志向の基本原則であり「顧客満足の旧3原則」といわれている。

① **商　品**　鮮度，品質，機能，コンセプト，ネーミング，デザイン，色，品ぞ

ろえの豊富さなど。

② サービス　明るく親身な接客，清潔さ，快適さ，フォローアップのよさなど。

③ 店　舗　地域社会への援助や貢献，リサイクルなどの環境保護活動などの小売店のイメージ。

　しかし，顧客ニーズの多様化や個性化が進展した最近では，① ホスピタリティ，② エンターテインメント，③ プリヴァレッジが注目されるようになった。これらは，「顧客満足の新 3 原則」といわれる。

① ホスピタリティ（hospitality）　顧客にもてなしの精神で接客することである。

② エンターテインメント（entertainment）　娯楽や余興を意味し，顧客のことを第一に考えて，感動を与え，心の絆をつくることを意味する。

③ プリヴァレッジ（privilege）　特権や特別待遇を意味する。購入金額の多い顧客など重要な顧客を特別な存在として扱い，満足度を高めることである（鈴木，2001：42-57）。

2-2　顧客維持

　高度経済成長期には，売上高や市場シェアを獲得することが小売業の目標とされてきたが，消費低迷期には顧客を維持する活動を強化し，顧客満足経営を行う必要がある。小売業の経営に求められているのは，既存店舗に多頻度で来店してくれる優良顧客を生涯のパートナーとして位置づけ，顧客を維持するための効果的な仕組みづくりを進める必要がある。

　すなわち，顧客に満足してもらい，固定客をつくることが重要である。自店にとっての優良顧客を見極め，その優良顧客を生涯のパートナーとして位置づけ，長期継続的な関係を構築・維持・発展していくことが重要である。

2-3　フリークエント・ショッパーズ・プログラム

　小売業は限られた商圏において特定の顧客を対象に商品を販売するため，メ

ーカーのマス・マーケティングとは異なるマイクロレベルのパーソナル・マーケティングを展開する。そのなかで，競争店との差別化を図るためには，顧客のニーズを正確に把握することが求められる。

　フリークエント・ショッパーズ・プログラム（Frequent Shoppers Program，以下，FSP と略記）は多頻度で来店し，より多くの商品を買ってくれる顧客を優待することで顧客を維持する政策である。FSP は POS（Point of Sales）システムと顧客データベースの蓄積・活用が可能になったことにより普及した。それは，顧客一人ひとりを「個客」として識別し，優良顧客の育成・維持を目的とする。

　顧客維持政策とは，購買履歴から来店客を階層ごとに組織化することで特典を与え，良好な関係を形成し，競争店へのスイッチを防止することである。顧客を識別するためには，買上金額や購買頻度，粗利益額などの方法が用いられる。それらの方法で階層化した顧客グループごとに魅力度の異なる差別的特典を提供して，優良顧客の育成および維持を図り，買上単価を増加させることがねらいである。

　顧客との良好な関係を構築・維持・成長させるためのマーケティングを関係性マーケティング（あるいは，リレーションシップ・マーケティング）とよび，顧客との長期的・継続的な関係が重視されている。なお，顧客の嗜好を細分化し，そのニーズが多様化すると，個々の顧客の属性や嗜好に対応した販売方法が重要となる。今日，このような顧客情報を蓄積した顧客データベースを利用した販売促進などが活用されている。

　たとえば，多頻度で買物をする顧客を優待することで継続的な関係を形成するための FSP は顧客維持の手段でもある。FSP はアメリカン航空の「フリークエント・フライヤーズ・プログラム（Frequent Flyers Program，以下，FFP）」が原点であるといわれている。[3]

　それは航空会社の利用実績によるマイレージ特典がもらえる仕組みであり，このシステムを小売業界に応用したものが FSP であり，ホテル業界ではフリークエント・トラベラーズ・プログラム（Frequent Travelers Program，以下，

FTP）がある。これらのシステムは既
存顧客を何らかの方法で識別し，優良
顧客を優待し，生涯にわたって関係を
維持することを意図している。

写真4-1
アメリカン航空のマイレージカード

出所）アメリカン航空
（https://www.americanairlines.jp/
2018年1月15日アクセス）

　FSP は長期的な視点で顧客との良
好な関係を構築・維持・発展させるこ
とで，自己の店舗に対する顧客のロイ
ヤルティを高めることを目的とする。
その結果，来店頻度を高めることがで
き，売上と利益をもたらし，狭い商圏
のなかでも自店のポジションが確立で
きる。さらに，FSP は優良顧客に対して差別的特典を提供することで，顧客
一人ひとりに差異をつける顧客維持システムである。その意味で，単なる割引
手段として集客を図るポイントカードとは根本的に異なるといえる。[4]

3 商圏の設定と出店

　ここでは，商圏，立地，競争店調査，出店，マーケティングリサーチについ
て解説する。

3-1　商　圏

　商圏とは，個別の小売店，商店街やショッピングセンターなどの商業集積に
おける顧客吸引力の及ぶ地理的，あるいは時間的な範囲を意味する。つまり，
それは地域の消費者が買物のために来店する地理的・時間的範囲のことであ
る。商圏には消費者が買物のために来店する距離である地理的側面からの限界
（たとえば，半径○○km），あるいは来店までの所要時間である時間的側面か
らの限界（たとえば，○○分）がある。最近では，小売店までの距離よりも所
要時間が重視される傾向にある（たとえば，徒歩10分以内，車で15分以内な

ど）。

　商圏は，地域住民のライフスタイル，小売店の業態や売場面積，駐車場規模，店舗周辺の道路事情，競争店の状況など，多くの要因に影響を受ける。さらに，その他の環境要因の変化に影響され，小売店の商圏は単純な円形ではなく，アメーバ状のように流動的であり，絶えず変化している。

　商圏は，① 小売店の単独商圏，② 商業集積の商圏，③ 都市の商圏の3種類に大別される。通常，商圏というと，① 小売店，あるいは ② 商業集積の商圏をさす。

① 小売店の単独商圏　　コンビニエンスストアやドラッグストアなどの1店舗当たりの商圏。

② 商業集積の商圏　　ショッピングセンターや商店街などの小売店が集合する商業集積の商圏。

③ 都市の商圏　　周辺都市からの顧客吸引力のおよぶ範囲。都市の商圏設定には，都道府県などが実施する広域商圏調査や経済産業省の商業統計調査などが使われる。

　商圏は，人口に対する来店者の比率やその頻度により，当該店舗に近い順に，第1次商圏，第2次商圏，第3次商圏に分けられる。これらの商圏設定区分の基準は当該店舗の形態や規模によって異なる。たとえば，店舗形態や規模によって，当該店舗までの所要時間，固定客の比率など，さまざまな基準が用いられる。

　商圏範囲の測定と設定には次のような方法が用いられる。

① 来店客や来店者などを対象にしたアンケート調査。

② ポイントカードや自社カードなどのカード会員のカード利用実績からの分析。

③ 電子地図や住宅地図などの詳細な地図による商圏範囲の測定および設定。

④ 小売店へのルートにあたる主要道路までの車での所要時間や道路事情をもとに推定。

⑤ 商圏の代表的な測定方法に，消費者の行動の確率を求めるハフモデルと小売引力の法則であるライリーの法則がある。ハフモデルは，地域の人口，店舗までの距離，売場面積の3つの因子から商圏を推定する。消費者が店舗を利用する確率は，店舗の売場面積に比例し，店舗までの距離に反比例する。ライリーの法則は，都市Aと都市Bの中間ある都市Xから，都市Aと都市Bに流れる小売取引の比率は，都市A・Bの人口に比例し，都市Xから都市A・Bまでの距離の二乗に反比例するという法則である。

なお，商圏には「所得が高い地区」，「持ち家比率が高い地区」などの特性をもつ。商圏の特性がつくられる要因には，① 地域の歴史と風土，② 人口構成，③ 産業構造などがあげられる。

3-2　立　地

　小売業は立地産業であるといわれており，どこに出店するかが極めて重要な意思決定事項となる。立地戦略を策定する際には，ストアコンセプトに合致した立地，企業理念・経営戦略との合致，来店客数の確保，地域の将来性などが重要な事項となる。

① 店舗形態や規模に見合った立地特性　一般的にコンビニエンスストアの第1次商圏は500m，ドラッグストアやスーパーマーケットの場合は1km，ショッピングセンターの場合は10kmといわれている。もちろん，それは店舗までの移動手段によって異なる。

② 企業理念・経営理念との合致　当該小売店が目指す方向である企業理念や経営戦略として定めた重点エリア・重点顧客に合致した地域に立地する。

③ ストアコンセプトの確立　立地戦略の前提としては，市場環境を的確に把握し，店舗のポジショニング（その地域で果たすべき小売店の役割）を明確に確立し，そしてストアコンセプトを決める必要がある。すなわち，「近くて便利」，「いつでも頼れる○○○」のような，ストアコンセプトに合致した立地を選択することが重要である。

　小売店にとって，どこに出店するかが業績を左右するといわれるほど，出店する際の立地条件の十分な検討は重要課題である。立地の決定要因としては，① 集客力，② 通行量，③ 店舗を取り巻く環境，④ 出店コスト，⑤ 地域の歴史などがあげられる。このような決定要因は可変的なものであるため，小売店は立地条件の変化に迅速に対応し，店舗の撤退や移転などを含め，臨機応変な対応が求められている。

　店舗立地の適合性を分析する際には，時代の変化を見据えて，都道府県，地方，地域といった広域レベルから，地区，地点へと焦点を絞り込んで検討する必要がある。立地選定において，マクロレベルの分析としては，次の3つがあげられる。

① **土地柄の分析**　その土地の自然環境や文化・歴史が自店の店舗形態や企業イメージと合致するかについて分析を行う。

② **都市の盛衰度**　行政単位での都市の経済成長性や需要規模。人口の流出が多いのか流入が多いのか，交通網の状況や，自動車の普及度合いを分析する。

③ **都市の産業構造・経済力**　市場規模，潜在需要の分析。昼夜間人口，製造業出荷額，商店数，小売業売場面積，小売業年間販売額などの指標を分析する。

　立地選定の際にはマクロレベルの分析の後，マイクロ（ミクロ）レベルの分析を行う。マイクロレベルの分析としては，次の3つが検討される。

① **商圏内の人口構造**　男女別の人口，年齢別の人口構成，町丁別の人口構成，世帯構成などを分析する。

② **商圏内の所得水準**　世帯別，町丁別所得水準の分布，1世帯当たりの平均所得などを分析する。

③ **店舗周辺の状況**　店舗周辺に駐車や駐輪スペースはあるか，歩道は整備されているか，などの立地環境について競争店との優劣を比較する。

3-3　競争店調査

　競争店調査（ストアコンパリゾン）とは，定期的に競争店（ストアコンペティター）に出向いて，顧客層，品ぞろえ，価格，店舗設備，接客応対など，自店との違いについて実態を観察・調査・比較・分析しながら改善していく手法である。ここで競争店とは，小売店の商圏内に生活している顧客が，その店舗以外にもよく利用している小売店のことである。競争店は同業種の店舗以外にも，店舗形態は異なっても同種の商品を取り扱う店舗が対象となる。たとえば，文具類の業種店の場合，同業種の店舗以外にも，コンビニエンスストアやスーパーマーケットなどが競争店となり得る。食品関係の小売店では，同じ業種の小売店以外にも「シェア・オブ・ストマック（胃袋のシェア争い）」という意味で異なる業種の小売店も競争店となりうる。

　競争店調査の目的は，競争店との比較・分析を通して自己の店舗が地域の顧客から支持されているのか，役立っているのかを把握し，主要な顧客を囲い込むことにある。さらに，競争店調査を通して自己の店舗を分析し，改善していくことで，地域社会への奉仕および地域経済発展に寄与することを目指している。

　競争店調査は，競争店の情報収集および競争店対策に分けられる。それは競争店から学び，自店の一層の成長に向けてのヒントを得ることが重要である。たとえば，競争店が顧客に支持される理由はさまざまであり（品質，価格，従業員態度，利便性，店舗雰囲気など），それを見つけ出すために競争店調査が行われる。

　競争店調査は，①競争店の強みと弱みの確認，②競争店と比較した自店の強みと弱みの確認，③自店の改善の方向性や改善策の検討，という手順で実施する。継続的な調査から，競争店の強みと弱みを知ることができ，競争店と比較しての自店の強みと弱みを把握することができる。そして，自店の改善や対処の手がかりを得ることができる。競争店調査には，競争店と比べて自店の存在価値を打ち出せるかという，競争優位性の検討が必要である。さらに，定期的かつ継続的な調査による比較・分析によって顧客満足度を高めることがで

きる。

3-4　出店の基本知識

　今日，小売業を取り巻く環境は，少子高齢化の影響による市場縮小傾向，流通外資の参入，大型店の出店規制の緩和に伴う出店増加など，厳しい状況にある。小売業は「時代適応業」ともいわれ，時代の移り変わりに対して敏感であり，変化する顧客ニーズに合わせてビジネスを行うことが求められている。そのなかで，出店戦略は極めて重要な経営課題となる。

　小売業が新たに出店する目的には，次のような理由があげられる。

① 有望エリアに出店することで売上高を拡大する。

② 真空エリア（無競争地域）に出店することで新たな市場を開拓する。

③ 既存エリアに集中的・継続的に出店することでドミナント（優位性）を形成する。

　また，出店戦略を策定する際の考慮要素としては，次の５つがあげられる。

① 経営戦略との整合性　出店戦略は経営戦略との整合性のもとに実施する。その内容は，「誰に，何を，どのように販売するか」という当該小売業の事業領域を明確にし，スムーズな出店を可能にすることである。

② 出店エリア・店舗形態の確定　出店エリアと店舗形態を確定することは出店戦略の重要な構成要素である。たとえば，コンビニエンスストアなどでみられるように，既存の出店エリアやその周辺に，集中的に店舗出店を行う「地域集中（エリア・ドミナント）出店」が代表的な例である。

③ 店舗規模の設定　店舗の規模は，顧客にとって歩きやすさ，買いやすさ，そして小売業経営の採算性維持の面などを考慮に入れて設定する。

④ 必要商圏人口の設定　必要商圏人口とは，小売店が出店する際に，採算に見合うターゲットとなりうる人口構成や世帯者数が見込まれる地理的範囲のことである。小売店は中長期的に来店客数が確保できる商圏を維持するために，必要商圏人口の設定を行う。

⑤ 業種・業態に合った立地選定　業種とは，取り扱う商品の種類で商売を分類する（何を売るのか）ことであり，業態とは，顧客が買いやすい仕組み（どのように売るのか）をつくることである。出店の際には業種・業態に合致した立地を選定する。

　出店には，用地の取得代や建物の建設費，什器・設備など多額の資金を要するため，計画的かつ多面的な検討が必要である。出店候補地の選定と絞り込みにあたっては，マクロ的視点およびマイクロ（ミクロ）的視点から次のような分析を行う。

① マクロ的視点からの分析：地域全体の人口や環境。

② マイクロ（ミクロ）的視点からの分析：出店候補地の将来性，出店の可否。

③ 商圏（市場）規模：商圏規模（夜間人口，昼間人口など），および需要。

④ 競争状況：競争店の状況，競争優位性の検討。

3-5　マーケティングリサーチ

　マーケティングリサーチ（市場調査）は，マーケティング活動の第一歩であり，小売業を取り巻くさまざまな情報を収集し，その情報を分析し，自己の経営に役立てることを目的とする。小売業におけるマーケティングリサーチは，① 市場と需要（需要量，消費者，購買行動），② 販売効率（商品，広告，流通経路），③ 環境（競争，景気，その他の環境）に分けることができる。

① 市場と需要　市場の需要や消費者の購買行動など，小売業が主要なターゲットをどのように把握するかという調査活動であり，商圏内における需要の測定・開拓・予測などについて分析する。

② 販売効率　商品，広告，流通経路の有効性や課題を把握するために調査を行う。(a)売れ筋商品，死に筋商品，品ぞろえ，ディスプレイなどの商品を分析する。(b)広告効果（購買率）を測定する。(c)流通経路の構造，精度，流通時間，コストなどを調査する。

③ 環　境　小売業の経営に影響を与える外部環境について分析を行う。(a)競

争：競争店のマーケティングミックスや顧客層，自店の位置づけについて分析する。(b)景気：GDPや経済成長率，物価，雇用などのデータから経済環境について分析を行う。(c)その他の環境：政府の政策や法的規制などの環境変化と自店への影響について分析を行う。

4 リージョナルプロモーション

ここではリージョナルプロモーション（売場起点の狭域型購買促進）の体系と概要について解説する。

4-1 リージョナルプロモーションの体系

メーカーのプロモーションは，セールスプロモーション（販売促進）活動として実施されている。それは，ターゲットとなる消費者の集団（主にマス市場）に対して，自社の商品の価値を知らせ，売上向上による当該市場シェアの拡大をはかるための諸活動である。

一方，小売業のプロモーションは，当該小売店の商圏内における特定多数の顧客を対象に展開する。したがって，リージョナルプロモーション（売場起点の狭域型購買促進）として位置づけられる。小売業が展開するリージョナルプロモーションは，売場を起点とした3つのP戦略（Pull, Push, Put）から構成される。

① アトラクティブプロモーション　商圏内の顧客を計画的かつ継続的に呼び込むための来店促進策（プル戦略）。

　　広告，パブリシティ，口コミ，ポスティングなど。

② インストアプロモーション　小売業主導の各種の販売促進企画を計画的かつ継続的に打ち出し，顧客に積極的に売り込むための店内の販売促進策（プッシュ戦略）。

　　人的販売：推奨販売，デモンストレーション販売，カウンセリング販売，実演販売，顧客サービス，催事・イベントなど。

非人的販売：プレミアム（スタンプ，ポイント制度，ノベルティ，クーポンなど），FSP，値引き・値下げ，特売，サンプル提供など。

③ インストアマーチャンダイジング　来店した顧客に衝動的，もしくは想起的な購買を促すための仕掛けを施し，買上点数の増加による１人当たりの買上金額の増加を図る購買促進策（プット戦略）。プットとは，売場に置いた（並べた）商品を，顧客に自己の意思で取ってもらうという意味である。

販売を促進させるための方法としては以下の３つがあげられる。

- フロアマネジメント：回遊率の向上をはかるためのフロアゾーニング，立寄率の向上を図るフロアレイアウト
- シェルフマネジメント：ディスプレイ，棚割システム
- ビジュアルマネジメント：華やかな商品演出や売場演出，視認率の向上を図るビジュアルマーチャンダイジング，注目率の向上を図るための色彩・装飾・照明による演出

4-2　リージョナルプロモーションの概要

ここでは，リージョナルプロモーションの３P戦略の主な販売方法について，その概要を解説する。

4-2-1　アトラクティブプロモーション＝来店促進策（プル戦略）

(1) 広　告

広告とは，小売店の存在や取扱商品などを商圏内の消費者に知らしめるために，有料の媒体を使いターゲットに訴える一連の非人的な来店促進策である。つまり，広告とは，明示された広告主が有料の媒体を通して商品，サービス，アイディアについて非人的なメッセージを告知し説得することを意味する。

- マスメディア広告　テレビ，ラジオ，新聞，雑誌などによる広告が代表的である。
- インターネット広告　バナー広告，リスティング広告（テキスト広告），動画広告などが含まれる。

- 交通広告　電車やバスなどの中吊り広告，駅貼りポスター，駅構内ボードなどが含まれる。
- ダイレクトメール広告　消費者一人ひとりに直接，送る広告のことである。割引券が印字されたはがきやクーポン入りの封筒を送り来店をうながす。
- チラシ（新聞折込）広告　新聞の折込広告，消費者一人ひとりの郵便受けに投函するポスティング広告，街頭で配布されるフリーペーパーなどが含まれる。
- 屋外広告　ネオンサインや看板，アドバルーンなどがあげられる。
- 屋内広告　店内でのPOP広告などが代表的である。

(2) パブリックリレーションズ（PR）とパブリシティ

　パブリックリレーションズ（Public Relations）は広報活動のことであり，組織または個人がその実態や主張を相手側に知ってもらうための計画的かつ継続的な情報提供活動のひとつである。このパブリックリレーションズの対象は消費者のみならず，従業員，株主，仕入先企業，地域コミュニティなどにむけられており，社会の人々と信頼関係を築こうとする活動である。

　パブリシティ（Publicity）は，テレビ，ラジオ，新聞，雑誌などのマスメディアに，自店の活動状況を提供し，ニュースや記事として取り上げてもらうことである。有料の媒体を通して来店を促す広告とは異なって，パブリシティはマスメディアという無料の媒体を通して，第三者の立場からの客観的な評価であるため受け手の信頼性が高い傾向がある。

(3) 口コミ

　口コミとは，小売店の商品やサービス，そして従業員の態度などの評判が消費者の口から口へと情報として伝わり，購買意欲を刺激する無料のコミュニケーションツールである。口コミは小売店側からの情報提供ではないため，信頼できる流し手からの情報であれば受け手の信頼性は高まるといわれている。近年，インターネットの飛躍的な普及により，さまざまな口コミサイトが出現し

ている。口コミサイトに投稿される口コミは主観的な意見であるが，多くの口コミが蓄積することで客観性を生み，その影響力を増すようになる。

4-2-2　インストアプロモーション（プッシュ戦略）

　ここでは，販売促進策のひとつとしてのインストアプロモーションの概要について，販売員が顧客に直接接客しながら販売する人的販売および直接的に販売員などを使わない非人的販売活動に分けて説明する。

(1)　人的販売活動

- 推奨販売　販売員が顧客の相談を受け，顧客のニーズやウォンツを把握する。そして，適切な商品を選定し，それぞれの特徴を比較しながら説明および提案する販売方法である。

- デモンストレーション販売　店頭や店内で行われる販売促進活動の一種であり，実際に商品を使ってみせることで，その商品の特徴などを消費者に訴え，購買に結び付ける方法である。このデモンストレーション販売を行うスタッフをデモンストレータとよび，マネキンクラブで専門の教育を受けた商品の説明員兼販売員のプロから一般の主婦や学生までが関与していることが多い。デモンストレーション販売は当該商品のメーカーのスタッフがキャンペーン期間に合わせてチェーンストアの店舗をキャラバン方式で巡回するのが一般的である。

- カウンセリング販売　専門知識をもった販売員が顧客のニーズやウォンツを汲み取り，悩みや問題の改善を支援する販売方法である。たとえば，代表的な例としては百貨店の化粧品売場の美容部員による販売手法をあげることができる。化粧品のプ

写真4-2　カウンセリング販売の例

出所）資生堂（http://www.shiseidogroup.jp/
2018年1月15日アクセス）

ロである美容部員による肌状態の測定やカウンセリングを通して，自分にとって最適な化粧品を選んでもらい，商品に関する使用方法や肌の管理方法，メイクアップの指導なども受けることができる。

- **実演販売** 試食販売や試飲販売，調理器具の販売などが代表的な例である。売場を活用して顧客の前で商品を使ってみせて説明するなど，顧客に感動をもたらすような販売方法である。
- **催事・イベント** 代表的な催事の例としてはキャンペーン活動をあげることができる。キャンペーン活動は，明確なテーマ設定のもとに，さまざまなプロモーション手段が組み合わされ，一定期間行われる組織的かつ計画的な催事活動のひとつである。

(2) 非人的販売活動

- **プレミアム** 新商品の認知度向上や売れ行きが鈍化した商品の回転率向上のために，おまけなどの景品をつける「プレミアムセール」を実施する。
- **FSP**（本章　第2節を参照）
- **値引き・値下げ** 値引きや値下げは定番商品の通常価格を一時的に引き下げることによって顧客の購買需要を刺激する。
- **特　売** 特売は，単なる安さの訴求ではなく，季節や時間帯などのテーマ設定による販売促進策である。「冬物特売」「○○特売場」など。
- **サンプル提供** 見本品や試供品などを配布し，実際に使用してもらうことで顧客の反応を把握することが重要である。そのために，ターゲットやエリアを絞ってサンプルを提供することが多い。

4-2-3　インストアマーチャンダイジング＝購買促進策（プット戦略）

インストアマーチャンダイジング（ISM）については，『販売士ハンドブック（応用編）④マーケティング』を参照のこと。

(1)　POP 広告

POP（Point of Purchase, 以下，POP）とは，顧客が購買する時点の意味であり，「POP（ポップ）広告」とは，小売店などの売場案内や商品の使用方法などをわかりやすく表現したカードや看板（ボード）などの購買時点メディアのことをさす。POP 広告には，小売店の店内またはその建物に付属して利用されるすべての広告物が含まれる。たとえば，陳列ケース，買物カート，従業員のエプロン，ディスプレイ，サインなどを用いた商品広告は POP 広告の一例である。

(2)　POP 広告の概要

POP 広告は商品に関するさまざまな情報を来店客に対して瞬時に提供するものである。その主な役割は，来店客をスムーズに売場に誘導し，商品に視線を引き付け，商品のセールスポイントを説明し，消費者の購買を促すことである。

POP 広告は，顧客と商品が接する売場で活用される広告であるため，小売店においては来店した顧客に対して情報を伝える重要な手段となる。POP 広告を設置する場所は，顧客の視線や動線などを考慮に入れて決定される。すなわち，店内の POP 広告は適切な内容で，適切な場所に，適切に設置することが求められるのである。

売上高を増やすためには，「来店客を増やす」「商品単価をあげる」「客購買単価をあげる」などの方法がある。たとえば，ダイレクトメール広告やチラシ広告は来店促進策であるが POP 広告は，客購買単価を引き上げるための購買促進策である。

POP 広告には，次のようなねらいがある。

① POP 広告は顧客の疑問に答える役割を果たす。具体的には，売場の案内，特売やサービスの告知，商品に対する疑問に答えること，などが含まれる。したがって，POP 広告は，商品の説明を行うのではなく，疑問に答えるという発想で訴求したい言葉をつくることがポイントとなる。

図表4-2　POP広告の例

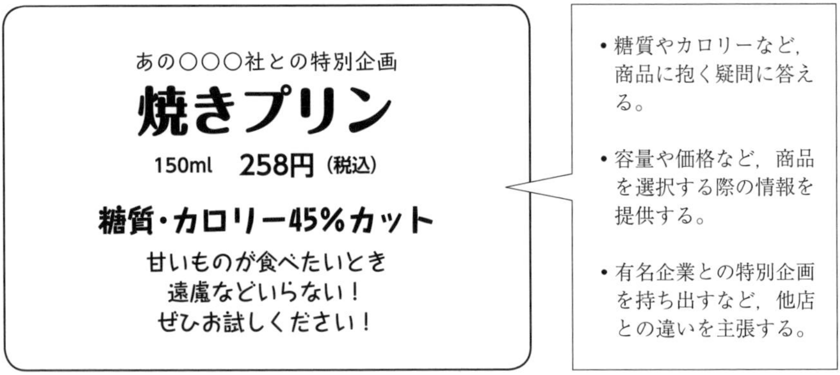

あの○○○社との特別企画

焼きプリン

150ml　　258円 (税込)

糖質・カロリー45%カット

甘いものが食べたいとき
遠慮などいらない！
ぜひお試しください！

- 糖質やカロリーなど，商品に抱く疑問に答える。

- 容量や価格など，商品を選択する際の情報を提供する。

- 有名企業との特別企画を持ち出すなど，他店との違いを主張する。

出所）筆者作成

② POP広告は顧客に情報を提供する。売場に並べられた類似した商品のなかから顧客が求める商品を比較しやすくし，自由に選べるようにする。その意味で，POP広告は，商品名と売価のみがアピールされた「(品名) 売価カード」とは異なる。

③ POP広告では他店との違いを主張する。小売店競争が激化するなかで顧客から自店を支持してもらうためには，自店の特徴を明確に表現することが必要である。他店との違いがない場合，顧客はより価格の安い店舗へとスイッチしてしまうのである。

5 顧客志向型の売場づくり

ここでは，売場づくり，店舗照明，光源の種類と特徴，色彩の活用について解説する。

5-1　売場づくりの基本知識

昔の小売業は，顧客と向き合い，商品やそれらの使い方を丁寧に説明して販売する対面販売や売り子が顧客の言い分を聞き入れて商品を提案する推奨販売

を行ってきた。今日，小売業の売場は，顧客の多様なニーズに対応し，店舗も多様化してきた。すなわち，小売業は常に消費者である顧客の要望に応えなければならない。

5-1-1　売場の役割

　小売業は，絶えず顧客の求める売場をつくり，暮らしの維持や向上に役立つ商品を提供する使命を帯びている。そのマーケティング・コミュニケーション媒体こそが売場である。売場は，店舗という施設がハードウェアであるならば，それを構成するサブシステムであるソフトウェアの役割を果たす。学校の施設がハードウェアであるならば，そのなかで行われる授業や行事などがソフトウェアとなるのと同様である。

　業種・業態に違いはあるが，売場は顧客満足度の向上を意識した感動体験の場である。そのため，売場は単なる商品と代金を交換する場所ではない。小売店の売場は，顧客にとって快適な購買行動を可能にする場を提供する必要がある。

　顧客は快適な買物を求める。買物における一般的な楽しさについて，① 自由に選べるセルフサービスの売場，② 体験できる対面販売の売場，という2つの側面からみてみることにする。

① 自由に選べるセルフサービスの売場　楽しめる売場の条件としては，顧客の求める商品を短時間で快適に購入できる「ショートタイムショッピング」機能が重視される。顧客は，商品を自由に選べる売場，誰にも気兼ねしないで商品にふれることができる売場，季節商品や流行商品が購買目的別に提案された売場などで買物の楽しさを味わうことができるのである。

② 体験できる対面販売の売場　専門店や百貨店では，流行商品などを斬新にビジュアル化して売場を演出している。このような売場では販売員から的確なアドバイスを受けながら，商品を試すことができ，顧客は買物を楽しむことができる。ファッション商品や専門品などの購買に関しては，対面販売による体験的な購買プロセスを提案することで顧客満足度を高めることができ

142

る。

5-1-2　売場の形態

　売場の形態は，マーケティング・コミュニケーションを促進するための売り方の特徴からみると，次のような3つに分類できる。

① 対面販売方式の売場　販売員が顧客とレジや接客カウンターを挟んで向かい合って接客を行う。専門品や高級品などを取り扱う店舗形態に適している。

② セルフサービス販売方式の売場　販売員がいない売場で，顧客が自分の意思で自由に商品を選択することができる。生活必需品などを取り扱う店舗形態に適している。

③ セルフセレクション販売方式の売場　セルフサービス販売方式の売場に側面販売を組み合わせた販売方式である。側面販売方式とは，担当する売場で自己の仕事をしながら待機している販売員が，顧客の要請があったときに応対する販売方式のことである。

　これら3つの売場形態は，業種・業態によって明確に使い分けているわけではない。たとえば，専門店や百貨店では対面販売を基本としながらも，一部ではセルフセレクション販売方式を導入している。また，総合品ぞろえスーパーやスーパーマーケットにおいてはセルフサービス販売方式を基本としながら，生鮮食品や総菜売場においては対面販売方式を導入している。このように，売場づくりは，常に変化する顧客ニーズに適応することが求められている。

写真4-3　総合品ぞろえスーパーの セルフセレクション販売方式の例

出所) セブン＆アイ・ホールディングス (2007:19)

5-2　店舗照明の基本知識

5-2-1　店舗照明の機能

　店舗照明の計画および導入は，小売業のマーケティングにおいて大変重要な役割を果たす。店舗照明は顧客の来店促進と店内での購買促進に大きな影響を及ぼしている。

① 来店促進機能としての店舗照明　安全性，快適性を基本とした店舗イメージ
をつくり出し，顧客の来店頻度を高めることができる。

② 購買促進機能としての店舗照明　商品価値や情報を正しく伝達できる売場イ
メージをつくり出すことで，商品を選びやすくし，顧客の買物点数の増加を
促す。

このように，店舗照明の計画策定にあたっては，来店促進と購買促進のバラ
ンスを考えた計画が必要である。店舗照明の計画を立てる際には，顧客の買物
における快適性を考慮に入れて，経営課題のひとつであるイニシャルコスト
（導入費用）およびランニングコスト（運営費用）の低減，従業員の働きやす
さなどへの配慮が必要である。

さらに，店舗照明の計画を策定する際には，① ストアコンセプト，② 売場
コンセプト，③ 店舗デザイン，④ 全般照明，⑤ 重点照明・装飾照明，⑥ コス
ト，⑦ 環境，などの観点を考慮して店舗照明を計画する必要がある。

店舗照明によって，顧客の購買行動を喚起するための条件としては，次の要
素をあげることができる。

① ストアコンセプトの明確化

② 効果的な店舗照明

③ 照明の当て方

④ 照明器具の配置

5-2-2　照明による演出

店舗の照明は，全般照明，重点照明，装飾照明，省エネ照明に大別される。

① 全般照明（ベース照明）　店舗や売場全体を万遍なく照らす照明のこと。

② 重点照明（アクセント照明，局部照明）　ディスプレイなど特定の場所や商品
を照らして目立たせる照明のこと。

③ 装飾照明（インテリアライティング）　店舗のインテリアや空間のアクセント
としての装飾効果を重視した照明のこと。

④ 省エネ照明　店舗照明の間引きや調光による省エネルギーを実現すること。

　照明器具の光源は多様化し，今日，店舗照明にはさまざまな光源が用いられている。蛍光灯や電球などの光源によって照らされる面の明るさの程度を「照度」とよぶ。照度の単位は「ルクス（lx）」で表す。店舗の明るさの目安として，JIS照度基準では，作業内容や空間の用途に応じて必要とされる推奨照度を定めている。日本の場合，明るすぎることの弊害に留意する必要があるといわれており，顧客満足を損なうことなく照度を落として，省エネを図ることが課題である。店内の照度は500 〜 750ルクス，重点ポイントの照度は1,500 〜 3,000ルクス，商品フェイス（陳列，ショーケース）の照度は900 〜 1,200ルクスを目安としている。

　照明の形式（手法形状）は，次の5つに分けることができる。
① 直接照明　陳列した商品や床を直接照らす形式である。
② 半直接照明　直接照明に透過性のあるカバーをつけた形式である。
③ 間接照明　反射する光によって明るさを出す形式である。
④ 半間接照明　室内に向けた光よりも反射光が多い形式である。
⑤ 全般拡散照明　光を均一に行きわたらせる形式である。

　このような照明設備を使う際の工夫としては，次のような項目があげられる。
・店舗施設内においては，外の光が利用できる時間帯や場所では，できるだけ明かりを消す。
・店内照明やショーウインドウ，ネオンなどの照明について，開店前・閉店後の照明時間のルールを決め，照明時間の短縮化を図る。
・事務所，バックヤードの不使用時には明かりを消す。
・JISの照度基準よりも過剰な照度にならないように定期的に測定する。
・照明器具を定期的に清掃するなどの手入れをする。
・店舗改装の際には，通路部分の照度を見直し，重点照明を利用するなど，商

品を際立たせる。

　照明の明るさは，照度（光の量）で表されるが，人が感じる明るさは，①色温度，および②演色性（光の質）によって変わってくる。

① **色温度**　光の色を表すのに使用される値のこと。単位には，「K（ケルビン）」が用いられる。色温度は，絶対零度（約-273℃）を「0（ゼロ）K」とする。色温度の単位（K）が低いほど暖色系の色を発し，高いほど寒色系の色を発する。すなわち，色温度が低くなると，光の色は「青→白→赤」へと変化し，暖かい印象になる。

② **演色性**　照明によってものの見え方が変わること。単位には，平均演色評価数（Ra）という数値で判断する。平均演色評価数とは，物の本来の色をいかに表現しているかを示す指標である。ある光源を当てたときの色の再現力を数値で表したもの。

5-3　光源の種類と特徴

　照明器具の光源が多様化しており，用途に応じた使い分けが重要となっている。

① **白熱電球**　ガラス球のなかのフィラメントに電流を流したときに，電気抵抗で発生する光と熱を使用した光源。

② **蛍光灯**　水銀水蒸気の放電によって紫外線を発生させ，この紫外線による蛍光物質の発光を利用した光源。

③ **高輝度放電灯（HIDランプ）**　水銀灯やメタルハライドランプ，高圧ナトリウム灯の総称である。

④ **発光ダイオード（LED）照明**　電流

写真4-4
LED照明の例：天井とキャノピー照明

出所）セブン＆アイ・ホールディングス（https://www.7andi.com/　2018年1月15日アクセス）

を流すと光を発する半導体素子である発光ダイオードを使用した照明。省電力，長寿命，熱線や紫外線をあまり含まない。冷蔵ケースの上部からケース全体を照らす「キャノピー照明」にも使われるなど，これまでの白熱電球や蛍光灯に代わり，主役になりつつある。

5-4　ディスプレイ効果を高める色彩の活用

5-4-1　色彩計画策定

　色彩は，店舗空間の演出だけではなく，快適で安全な環境づくりに影響する。色のもつ特性を理解して，売場づくりに活かすことが必要である。

① 色の3要素　色の3要素とは，色相，明度，彩度の3つである。色相は，色を構成する光の波長別のエネルギー分布差に基づいた色合いの違いのこと。明度は，色のもっている明るさや暗さのこと。彩度は色の鮮やかさを示す指標のこと。

② 無彩色の特性　白・灰・黒の3つは色合いをもたない，無彩色とよばれる。黒は光や熱を吸収し，白は光を反射する。

③ 有彩色の特性　色の見かけの暖かさは，「赤→橙→黄→緑→紫→黒→青」の順であり，暖色は「興奮色」，寒色は「沈静色」という性質をもつ。明るい色や暖色系のように前に飛び出してみえる色を「進出色」，暗い色や寒色系のように後ろに引っ込んでみえる色を「後退色」という。

④ 補色と準補色の陳列　色相環で向かい合った対極にある色同士を「補色」，補色のひとつ手前の関係の色同士を「準補色」という。

5-4-2　色彩計画策定上の留意点

① 色彩計画策定上の留意点　色のもつ3要素（色相，明度，彩度）のみならず，素材や光沢，透明感が実際の色に影響する。色の全体的な統一感（カラーポリシー）が重要である。

② 店内色彩のポイント　天井の色は，反射率の高い色を使用する。壁の色は，淡い色が一般的である。床の色は，反射率が低く，ベージュやグレー系の色

で壁面よりは濃い色を使用する。

③ 店舗構造における色彩のポイント　小さい店舗の場合，全体的に明るい色を使用することで広くみせることができる。天井の低い店舗の場合，天井を壁より明るい色にし，単調な四角い店舗の場合，店奥の壁を明るい色にすることで奥行きをもたせることができる。細長い店舗の場合，店奥の壁に両側の壁より濃い色を用いると広くみせることができる。色の特性を理解し活用することで，より快適な売場づくりが可能となる。

注
1）マーケティングの底流にあるのは，つくったものをいかに売るかという「プロダクト・アウト（product-out）」ではなく，売れるものをいかにつくるかという「マーケット・イン（market-in）」の発想である。すなわち，つくった製品を市場に売り込むための販売のマネジメントから，顧客ニーズやウォンツから出発し，それに見合う商品を提供するための顧客満足のマーケティングへの志向転換が求められる。
2）近年，生活必需品を扱うチェーンストアでは一年中同一の安値で販売し続ける「エブリデイ・ロープライス（EDLP：Everyday Low Price）」政策がよくみられるようになった。また，メーカーが希望小売価格を提示せず，小売店が市場価格を判断し，売価を設定する価格政策を「オープンプライス」という。
3）FSP（フリークエント・ショッパーズ・プログラム）の発祥は，1981年にアメリカン航空が始めた「アドバンテージ・プログラム」が原点となっている。顧客は同社の航空路線を利用するほどにマイレージ（飛行距離に応じたポイント数）が加算され，一定ポイントに達すると航空券との無料交換ができるシステムである。今日では，航空券以外にもさまざまな特典が得られるようになっていて，航空会社の重要なマーケティング手段として定着している（鈴木，2001：144）。
4）FSPによって収集された顧客データには，多種多様な顧客データが含まれている。このような顧客データを分析・活用することで売上と利益の向上が見込まれる。

引用・参考文献
池尾恭一・青木幸弘・南知恵子・井上哲浩『マーケティング』有斐閣，2010年
鈴木豊『「顧客満足」の基本がわかる本』PHP研究所，2001年
鈴木豊『マイクロマーケティング入門』PHP研究所，2008年
セブン＆アイ・ホールディングス『会社案内2017-2018』2007年

148

日本商工会議所・全国商工会連合会編『販売士ハンドブック（基礎編）〜リテールマーケティング（販売士）検定試験３級対応〜④ マーケティング』カリアック，2016 年

日本商工会議所・全国商工会連合会編『販売士ハンドブック（応用編）〜リテールマーケティング（販売士）検定試験２級対応〜④ マーケティング』カリアック，2017 年

販売・経営管理

1 販売員の役割の基本

ここでは，販売員の目的と役割，接客マナー，クレームや返品の対応について取り上げる。

1-1 販売員の目的と役割

ここでは，消費者が安心して消費生活を送るために不可欠な販売員の目的と販売員の3つの役割について取り上げる。

1-1-1 販売員の目的

販売員の目的は，消費者が安全で豊かな消費生活を営むことができるように支援することにある。消費者には健康で文化的な消費生活実現のため，権利が確保されていることを販売員は，認識しておくことが必要である。それが，消費者の「8つの権利」と「5つの責任」である。

消費者の「8つの権利」と「5つの責任」は，国際消費者機構が定めたものである。「8つの権利」とは，① 生活の基本的ニーズが保障される権利，② 安全である権利，③ 知らされる権利，④ 選ぶ権利，⑤ 意見を反映される権利，⑥ 補償を受ける権利，⑦ 消費者教育を受ける権利，⑧ 健全な環境のなかで働き生活する権利，をいう。

「5つの責任」とは，① 批判的意識，② 自己主張と行動，③ 社会的関心，④ 環境への自覚，⑤ 連帯，をいう。

1-1-2　販売員の役割

　販売員の役割は，大きく3つある。第1は，情報の提供と蓄積である。情報を提供するためには豊富な商品知識が必要となる。定番商品はもちろん，新製品・新サービスの情報などを的確に顧客に伝達できることが販売員には不可欠である。また，販売員は，顧客の商品選択を助ける情報提供の役割ももつ。消費者はその商品に十分な知識をもっていない場合，販売員の助言が購買の意思決定を左右する。そのほかにも，販売員は顧客ニーズの情報を蓄積して，商品構成に反映することも役割である。顧客ニーズに基づいた品ぞろえは小売店の売上増加につながる。第2は，接客サービスである。接客サービスは顧客に満足して購入してもらうための基本である。そのためには，適切な接客態度，挨拶の仕方，敬語の使い方，身だしなみなどに気をつけなければならない。第3は，顧客満足度の向上である。顧客満足を獲得するためには，店舗や売場のクリンリネスを保つことである。清潔感のある店舗にすることで心地よく顧客に買物をしてもらえる。また，売場の装飾など顧客満足につながる演出も顧客満足の向上には効果的である。

1-2　接客マナー

　ここでは，接客の仕方と敬語について取り上げる。

1-2-1　接客の仕方

　接客の仕方で重要なことは笑顔と挨拶である。接客の際には，目じりがさがり口角があがる自然な笑顔を心掛けることが大切である。この自然な笑顔で「いらっしゃいませ」と挨拶することが販売員の基本である。

　また，接客では，お辞儀の仕方を使い分ける。15度のお辞儀は，「会釈」といい，販売の場面では「かしこまりました」(図表5-1参照)，「少々おまちください」といった言葉を使う場面で使用される。30度のお辞儀は「普通礼」といい，「いらっしゃいませ」と顧客を出迎える際に使用する。45度のお辞儀は，「最敬礼」といい，「申し訳ございません」，「ありがとうございます」とい

った言葉を用いる場面などに使われる。

1-2-2　敬語をつかう

　接客には敬語をつかい，顧客と円滑なコミュニケーションを通じて，よい関係を築くことが大切である。文化庁の「敬語の指針」によると，敬語は5種類に分けられる。敬語には，① 尊敬語（「いらっしゃる・おっしゃる」型），② 謙譲語Ⅰ（「伺う，申し上げる」型），③ 謙譲語Ⅱ（丁寧語）（「参る・申す」型），④ 丁寧語（「です・ます」型），⑤ 美化語（「お酒・お料理」型）である。

　これらの5種類は，従来の「尊敬語」，「謙譲語」，「丁寧語」の3種類とは以下のとおり対応する。

図表5-1　お辞儀の種類

出所）日本商工会議所・全国商工会連合会編『販売士ハンドブック（基礎編）⑤ 販売・経営管理』（2016：14）を一部修正

図表5-2　敬語の種類

	5種類	3種類
尊敬語	「いらっしゃる・おっしゃる」型	尊敬語
謙譲語Ⅰ	「伺う・申し上げる」型	謙譲語
謙譲語Ⅱ（丁寧語）	「参る・申す」型	
丁寧語	「です・ます」型	丁寧語
美化語	「お酒・お料理」型	

出所）文化庁「敬語の指針」

① 尊敬語（「いらっしゃる・おっしゃる」型）　相手側または第三者の行為・ものごと・状態などについて，その人物を立てて述べる敬語である。

〈該当語例〉

【行為など（動詞および動作性の名詞）】

　いらっしゃる，おっしゃる，なさる，召し上がる

お使いになる，御利用になる，読まれる，始められる

お導き，御出席，（立てるべき人物の）御説明

【ものごとなど（名詞）】

お名前，御住所，（立てるべき人物からの）お手紙

【状態など（形容詞など）】

お忙しい，御立派

② 謙譲語Ⅰ（「伺う・申し上げる」型）　自分側から相手側または第三者に向かう行為・ものごとなどについて，その向かう先の人物を立てて述べる敬語である。

〈該当語例〉

伺う，申し上げる，お目に掛かる，差し上げる

お届けする，御案内する

（立てるべき人物への）お手紙，御説明

③ 謙譲語Ⅱ（「参る・申す」型）　自分側の行為・ものごとなどを話や文章の相手に対して丁重に述べる敬語である。

〈該当語例〉

参る，申す，いたす，おる

拙著，小社

④ 丁寧語（「です・ます」型）　話や文章の相手に対して丁寧に述べる敬語である。

〈該当語例〉

です，ます

⑤ 美化語　ものごとを，美化して述べる敬語である。

〈該当語例〉

お酒，お料理

1-3　クレームや返品の対応

ここでは，クレームや返品への対応について取り上げる。

1-3-1　クレームとその対応

　クレームには，4つの種類がある。第1は，商品に関するクレームである。購入した商品が不良品であったり鮮度が落ちていたなど，購入した商品そのものに対するクレームのほか，商品の品ぞろえへのクレームもある。第2は，接客に対するクレームである。不遜な態度での接客，商品に対する説明不足などである。第3は，施設に対するクレームである。店内の案内表示や商品の配置がわかりにくいなどである。第4は，その他のクレームとして，営業時間が短いなどのクレームもある。

　販売員は，クレームに対して適切な対応をとれるようにしておくことが重要である。その際の心構えとしては，謙虚な態度で冷静に対応し，不備に対しては心からの謝罪を行うことが大切である。場合によっては，クレームに対応する場所や日を変えたり，上司に対応してもらうことも必要である。

　クレーム対応の一般的な手順は，以下のとおりである。

① 初期謝罪をする　事実確認や対応策などを伝える前に，ひとまず謝罪して，顧客の不満を少しでも解消する。

② 話を聴く　単に「お客様のいうことを知る」という意味の「聞く」ではなく，注意深く「聴く」ようにする。

③ 事実調査と対応策の検討　クレーム対象となっている店員からの聞き取りや，商品の流通経路の確認など事実調査をし，販売店側の対応策も検討する。

④ 謝罪する　顧客にお店側の謝罪の意思がしっかりと伝わるような方法で謝罪する。

⑤ 対応策を伝える　対応策を単に伝えるだけではなく，顧客が「今後もこの店を利用したい」と感じる伝え方が重要である（間川，2014：61）。

　クレームには，迅速に対応することを心掛ける必要がある。「ただちに」，「すぐに」といった場合は5分以内で対応する。「のちほど」といった場合は30分以内での対応，「後日」といった場合は，48時間以内での対応を原則とする。ただし，販売員の想定している時間と顧客が想定する時間とでは差がある場合もあるため，対応に必要な時間を明確に顧客に伝えることにより，さらな

るトラブルが生じることを回避することが肝心である。

1-3-2　返品とその対応

　返品の発生理由は，2つある。第1は，顧客側の錯誤である。顧客の勘違い
で購入した場合や商品知識の不足である場合，使用方法や商品の特徴，性質に
ついて顧客の思い込みで購入した場合などである。第2は，店舗側の錯誤であ
る。販売員の勘違い，知識不足，顧客のニーズを十分に把握できずに販売した
場合などに返品が発生する。販売員は，返品に対して誠実に対応し事実関係を
把握することが必要である。そのうえで顧客と店舗双方にとり納得のいくよう
に対応しなければならない。

　販売店では，返品対応マニュアルを整備し，販売員が適切に対応できるよう
にしておくことが大切である。一般的な返品の手順は，以下のとおりである。
① 謝罪する。
② 顧客から返品する事情を聴き，返品事由を確認する。
③ 店舗でのマニュアルなどの規程を確認し，上司に報告，相談する。
④ 返品を申し出たことに感謝する。
⑤ 未使用かどうか，開封の有無など返品される商品を確認する。
⑥ 返金か交換か対応方法を顧客に確認する。
⑦ 返品事由を販売員間で共有し，再発防止策を検討し，マニュアルに防止策
　 を反映させる。

2 販売員の法令知識

2-1　小売業に関する主な法規

2-1-1　小売業の適正確保の法規

　小売業の適正確保に関する法律として，大規模小売店舗立地法，中小小売商
業振興法，商店街振興組合法，中心市街地活性化法（中心市街地の活性化に関する
法律）などがある。

① **大規模小売店舗立地法**　大型店の当該地域への立地を前提としたうえで，施設の配置及び運営方法に関して，周辺の生活環境の保持への配慮を求めることを基本的趣旨としている。

　大規模小売店舗立地法の規制対象は 1,000m² 超の大型店に限定されている（政令による）。これを超える大規模小売店舗の設置者は都道府県ないし政令指定都市に届け出を行い，審査を受けなければならない。

　大規模小売店舗立地法における審査は，大型店の「周辺の地域の生活環境の保持を通じた小売業の健全な発達を図る観点」から「大規模小売店舗を設置する者が配慮すべき事項に関する指針」に基づいて行われる。「指針」には審査対象としての生活環境の具体的内容が示されており，とりわけ重要なことは「渋滞や騒音などの物理的な側面」であって，「身近な買い物機会の確保といった経済的側面」は審査内容として基本的に含まれていない（渡辺，2014：61-62）。

② **中小小売商業振興法**　３つの高度化事業によって中小小売商業を振興しようというものである。その３つとは，(a) 商店街整備事業（商店街活性化事業への支援），(b) 店舗共同化事業（共同店舗事業への支援），(c) 連鎖化事業（ボランタリーチェーン事業への支援），である。支援内容は，補助金の提供，低利融資，信用保証，税制面の優遇措置および診断指導である。

　中小小売商業振興法は，1991 年に改正され，従来の高度化事業計画に，店舗集団化計画，電子計算機利用経営管理計画，商店街整備等支援計画が追加された（住谷，2016：136）。

　また，特定連鎖化事業（小売フランチャイズチェーン事業）も対象とし，特定連鎖化事業者であるフランチャイズチェーン本部とチェーン加盟希望者との間で，契約前の説明が義務付けられている。[1]

③ **商店街振興組合法**　商店街が形成されている地域において小売商業またはサービス業が属する事業その他の事業を営む者などが協同して経済事業を行うとともに当該地域の環境の整備改善を図るための事業を行うのに必要な組織などについて定めることにより，これらの事業者の事業の健全な発展に寄与

し，あわせて公共の福祉の増進に資することを目的とする。

　この法律に基づき商店街振興組合や商店街振興組合連合会の法人組織を設立することにより，アーケード設置や共同駐車場の整備などのハード事業や商店街の組合員の共同事業として，ポイントサービスなどのソフト事業を行うことができる。

　2015 年 5 月にコーポレート・ガバナンスの強化などの観点から(a)組合員外監事に関する要件の追加，(b)監査等委員に係る規定の除外および多重代表訴訟等の除外，(c)組織再編に係る差止請求制度を導入する関係法令の改正がなされた。[2]

④ **中心市街地活性化法**　少子高齢化や郊外への商業施設の進出などによる消費生活の変化に対応して，中心市街地における都市機能の増進および経済活力の向上を総合的かつ一体的に推進することを目的として制定された。

　当初，中心市街地活性化法は，中心市街地の活性化にかかわる政策を総合的に実施するため，通商産業省，建設省，自治省（いずれも当時）などの 11 省庁による共同での管轄体制がとられた。中心市街地活性化法では，市町村などのイニシアティブの重視，関係省庁間の連携・協力による関連施策の一体的実施，点（個店）対策や線（商店街）対策から，面（中心市街地）の対策へ，といった点を基本的立場として，市町村などが中心市街地活性化事業に主体的に取り組むための種々の支援を行うとした（渡辺，2014：57-58）。中心市街地活性化法は 2006 年に改正され，8 府省庁で「市街地の整備改善」と「商業等の活性化」を一体的に推進しようとするものにした。そのため，内閣に「中心市街地活性化本部」を作り，内閣が基本方針を立てるようにした。その基本方針に沿って，市町村が「中心市街地活性化計画」をつくり，その中心市街地ごとに，中心市街地整備推進機構，商工会または商工会議所などによって組織される「中心市街地活性化協議会」がつくられ，基本計画の認定申請をする場合には，中心市街地活性化協議会の意見を聞かなければならないこととなった。その後，申請したものを内閣が認定するという仕組みになっている（住谷，2016：138）。

2-1-2 事業の許認可に関する法規

小売業は，憲法で「営業の自由」が認められているが，特定の業種によって
は，保健，衛生，公安，財政などの理由から許認可制になっている。

「食品衛生法」では，食肉・魚介類の販売業，豆腐製造業，総菜製造業，飲
食店・喫茶店など34業種を営業する場合には都道府県知事の許可が必要とさ
れている。

「医薬品，医療機器等の品質，有効性及び安全性の確保等に関する法律（医
薬品医療機器等法）」に基づき薬局の開設や医薬品を販売する場合は，都道府
県知事（または，政令市の市長，特別区の区長）の許可が必要となる。

酒類を販売する場合には，「酒税法」の規定により所轄税務署長の免許制と
なっている。

第1種動物取扱業者に該当するペットショップを営業する場合は，「動物愛
護管理法」の規定により都道府県知事（または政令市の市長）への登録制とな
っている。

たばこ販売業を営業する場合は，「たばこ事業法」の規定により，財務大臣
の許可制となっている。

古物を販売しようとする者は，「古物営業法」に基づき営業所ごとに取り扱
う古物の種類を定め，所轄の都道府県公安委員会に許可を得る必要がある。

なお，「古物営業法」の「古物」は，美術品類，衣類，時計・宝飾品，自動
車，自動二輪車および原動機付自転車，自転車類，写真機類，事務機器類，機
械工具類，道具類（家具，楽器，運動用具，CD，DVD など），皮革・ゴム製
品，書籍，金券類の13種類に分類されている。

2-1-3 販売活動に関する法規

売買契約について，民法第555条では，「売買は当事者の一方がある財産権
を相手方に移転することを約し，相手方がこれに対してその代金を支払うこと
を約することによって，その効力を生ずる」と定めている。また，売り手が商
品を引き渡す責務を負い，買い手が代金を支払う責務を負うように，売り手，

買い手の双方がともに債務を負うことになる契約を「双務契約」という。

　また，買物する際に，その場では代金の一部（1割前後）のお金を払う場合を手付という。民法第557条第1項では，「買主が売主に手付を交付したときは，当事者の一方が契約の履行に着手するまでは，買主はその手付を放棄し，売主はその倍額を償還して，契約を解除することができる」と規定されている（村，2014：39-41）。

2-1-4　割賦販売法

　割賦販売法の対象となる取引形態には，① 割賦販売，② ローン提携販売，③ 包括信用購入あっせん，④ 個別信用購入あっせん，⑤ 前払式特定取引がある（藤田，2017：198）。

　販売事業者などが商品など（政令で定められた商品・権利またはサービスで，それぞれ「指定商品」，「指定権利」，「指定役務」という）を販売する際に，その代金を2か月以上かつ3回払い以上の（リボルビング払いも含む）分割による後払いで受け取ることを割賦販売という。

　割賦販売には，消費者と販売事業者などとの間で「割賦販売契約」を締結する「個別方式の割賦販売」と販売事業者などが発行するクレジットカードを使用した割賦販売である「包括方式の割賦販売」がある（図表5-3参照）。

　包括方式の割賦販売は，消費者が販売事業者などで商品購入の際，クレジット会社が消費者に代わり販売事業者などに代金の支払いをし，後日，消費者が代金をクレジット会社に2か月を超えて支払うことをいう。これには，リボルビング払いも含まれる。

　信用購入あっせんには，消費者と販売事業者等との間の売買契約が締結される「個別方式の信用購入あっせん」とクレジットカードを使用した信用購入あっせんである「包括方式の信用購入あっせん」がある（図表5-4参照）。

　また，消費者が販売事業者から商品購入の際，代金を販売事業者などが提携している金融機関から借り入れ，代金を一括して販売事業者などに払う。その後，2か月以上かつ3回以上の分割により消費者が金融機関に返済することを

図表5-3　割賦販売のしくみ

(1) 個別方式の割賦販売のしくみ

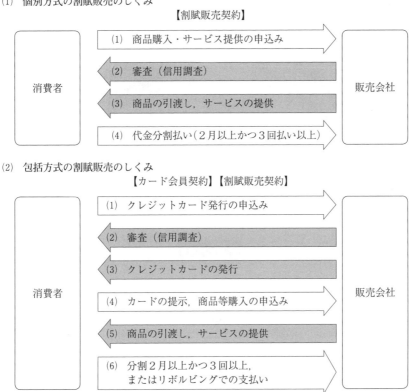

【割賦販売契約】

(1) 商品購入・サービス提供の申込み

消費者　　　　　　　　　　　　　　　　　　　　販売会社

(2) 審査（信用調査）

(3) 商品の引渡し，サービスの提供

(4) 代金分割払い（2月以上かつ3回払い以上）

(2) 包括方式の割賦販売のしくみ

【カード会員契約】【割賦販売契約】

(1) クレジットカード発行の申込み

消費者　　　　　　　　　　　　　　　　　　　　販売会社

(2) 審査（信用調査）

(3) クレジットカードの発行

(4) カードの提示，商品等購入の申込み

(5) 商品の引渡し，サービスの提供

(6) 分割2月以上かつ3回以上，
　　またはリボルビングでの支払い

出所）日本クレジット協会[3]，一部修正

条件に販売事業者などが債務保証することを「ローン提携販売」という。

　割賦販売事業者は，割賦販売契約を締結した場合には，必要事項を記載した書面を交付しなければならない。個品方式と総合方式の必要事項は，① 商品などの割賦販売価格，② 1回ごとの支払い分（賦払金）の額，③ 賦払金の支払時期及び方法，④ 商品の引渡時期，⑤ 契約の解除に関する事項，⑥ 所有権の移転に関する定めがあるときはその内容，⑦ その他割賦販売法施行規則で定められている事項である。リボルビング方式の場合は，上記の ④ ～ ⑦ に加えて，商品などの現金販売価格，弁済金の支払方法が必要事項となる。また，

図表5-4　個別方式の信用購入あっせんと包括方式の信用購入あっせん

(1)　個別方式の信用購入あっせんのしくみ

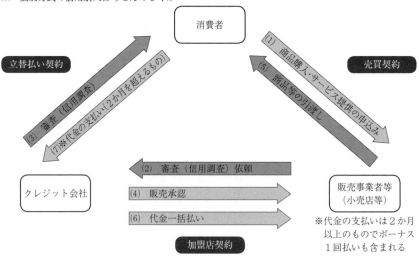

(2)　包括方式の信用購入あっせんのしくみ

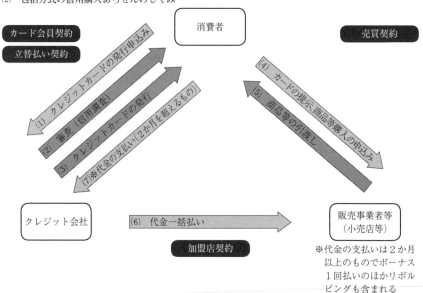

出所）日本クレジット協会，一部修正

リボルビング方式の場合，代金請求の際に，あらかじめ支払時期，支払金，算出根拠を明示した書面が購入者に対して交付されることになっている（藤田，2017：205-206）。

　クレジット契約においては，「個別方式の信用購入あっせん」に該当する場合，クレジット契約にクーリング・オフが導入された。クーリング・オフの適用期間は，後述の訪問販売，電話勧誘販売，特定継続的役務提供に係るものは8日間，連鎖販売取引，業務提供誘引販売取引に係るものは20日間となっている。

2-1-5　特定商取引法

　特定商取引法は，事業者による違法・悪質な勧誘行為を防止し，消費者の利益を守ることを目的とする法律である。特定商取引法の対象となる類型は7つある。

　第1は，訪問販売である。訪問販売は，事業者が消費者の自宅に訪問して，商品や権利の販売またはサービスの提供を行う契約をする取引である。第2は，通信販売である。通信販売は，事業者が新聞，雑誌，インターネットなどで広告し，郵便，電話などの通信手段により申込みを受ける取引である。第3は電話勧誘販売である。これは，事業者が電話で勧誘を行い申込みを受ける取引である。第4は連鎖販売取引（マルチ商法）である。個人を販売員として勧誘し，更にその販売員に次の販売員の勧誘をさせるかたちで，販売組織を連鎖的に拡大すると，遡及して収入が得られるという取引である。第5は，特定継続的役務提供である。エステ，語学教室，家庭教師，学習塾など，身体の美化，知識の向上等を目的として継続的に役務（サービス）を提供する取引形態をいう。第6は業務提供誘引販売取引である。これは「仕事を提供するので収入が得られる」という口実で消費者を誘引し，仕事に必要であるとして，商品などを売って金銭負担を負わせる取引である。そして第7は，訪問購入である。事業者が消費者の自宅などを訪問して，物品の購入を行う取引である。これらが特定商取引法の対象となる（鈴木，2016：261-262）。

2-1-6　特定商取引法におけるクーリング・オフ制度

クーリング・オフは契約後，冷静に考え直す時間を消費者に与え，一定期間内であれば無条件で契約を解除することができる制度をいう。特定商取引法において，クーリング・オフができる取引は，訪問販売，電話勧誘販売，特定継続的役務提供，訪問購入，連鎖販売取引，業務提供誘引販売取引が対象となる。クーリング・オフができる期間は契約書面を受け取った日を起算日にして図表5－5のとおりとなっている。

訪問販売については，クーリング・オフは認められるが，化粧品や健康食品など消耗品のクーリング・オフについては，他の商品と異なる取り扱いがされている。特定商取引法では，一度でも開封して使用・消費すると大きく価値が損なわれる商品を「政令指定消耗品」として定めている。政令指定消耗品には，① 健康食品（医薬品を除く），② 不織布，織物（幅13cm 以上），③ コンドーム，生理用品，④ 医薬品を除く防虫剤・殺虫剤・防臭剤・脱臭剤，⑤ 医薬品を除く化粧品・毛髪用剤・石鹸，浴用剤，合成洗剤，洗浄剤，つや出し剤，ワックス，靴クリーム，歯ブラシ，⑥ 履物，⑦ 壁紙，⑧ 配置薬，が指定されている。

2-1-7　商品に関する法規

商品の安全確保に関する代表的な法律として，消費生活用製品安全法，製造物責任法（PL 法）がある。

図表5－5　クーリング・オフ制度

・訪問販売 ・電話勧誘販売 ・特定継続的役務提供 ・訪問購入	8日間
・連鎖販売取引 ・業務提供誘引販売取引	20日間

出所）藤田裕『図解で早わかり改定新版消費者契約法・特定商取引法・割賦販売法のしくみ』（2017：85）を一部修正

　消費生活用製品安全法は，消費生活用製品による一般消費者の生命または身体に対する危害の発生の防止を図るため，特定製品の製造，輸入および販売を規制するとともに消費生活用製品の安全性の確保について民間事業者の自主的な活動を促進することにより，一般消費者の利益を保護することを目的として制定された。

　この法律では，消費生活用製品の安全規則が定められている。消費者の生命・身体に対して特に危害を及ぼすおそれが多い製品については，国の定めた技術上の基準に適合したことを示す PSC（Product Safety of Consumer Products）マークがないと販売できない。規制対象品目には，自己確認が義務付けられている特定製品とそのなかでさらに第三者機関の検査が義務付けられている特別特定製品がある[5]（図表 5 - 6 参照）。

① **製品事故情報報告・公表制度**　死亡事故などの重大製品事故が発生した場合，事故製品の製造・輸入事業者は，事故発生を知った日から 10 日以内に内閣総理大臣への報告が義務付けられている。また，重大事故情報が報告されると，製品の名称および型式，事故の内容などが迅速に公表される。

② **長期使用製品安全点検制度**　製品が古くなると部品などが経年劣化し，重大事故を起こす恐れがある。そのため，「長期使用製品安全点検制度」が設けられた。この制度では，経年劣化による重大事故発生のおそれが高い製品を特定保守製品とし，安全に使用するための目安となる設計標準使用期間を設けている。これらの製品を購入の際には，メーカーに所有者登録をすることで，設計標準使用期間の終わるころに点検通知が届くことになっている。所有者登録の対象製品（特定保守製品）には，石油給湯機，石油ふろがま，FF 式石油温風暖房機，ビルトイン式電気食器洗機，浴室用電気乾燥機，屋内式ガス瞬間湯沸かし器，屋内式ガスふろがまの 7 つの製品が該当する。

③ **長期使用製品安全表示制度**　重大事故の件数の多い製品について，設計上の標準使用期間と経年劣化についての注意喚起などの表示が義務化されている。対象の製品は，扇風機，換気扇，エアコン，ブラウン管テレビ，全自動洗濯機，二槽式洗濯機である。

図表5－6　特別特定製品と特定製品

○対象製品例

特別特定製品の製品例

特別特定製品	施行令規定	対象製品例
乳幼児用ベッド	主として家庭において出生後二十四月以内の乳幼児の睡眠又は保育に使用することを目的として設計したものに限るものとし，揺動型のものを除く。	・ベビーベッド
携帯用レーザー応用装置	レーザー光（可視光線に限る。）を外部に照射して文字又は図形を表示することを目的として設計したものに限る。	・レーザーポインター ・レーザー照準器 ・レーザー距離計 ・レーザー光を放出する玩具 ・放射温度計
浴槽用温水循環器	主として家庭において使用することを目的として設計したものに限るものとし，水の吸入口と噴出口とが構造上一体となっているものであつて専ら加熱のために水を循環させるもの及び循環させることができる水の最大の流量が十リットル毎分未満のものを除く。	・ジェットバス ・24時間風呂
ライター	たばこ以外のものに点火する器具を含み，燃料の容器と構造上一体となっているものであつて当該容器の全部又は一部にプラスチックを用いた家庭用のものに限る。	・ディスポーザブル（使い捨て）式ライター ・多目的ライター（点火棒）

特別特定製品以外の特定製品の製品

特別特定製品以外の特定製品	施行令規定	対象製品例
家庭用の圧力なべ及び圧力がま	内容積が十リットル以下のものであつて，九・八キロパスカル以上のゲージ圧力で使用するように設計したものに限る。	・圧力なべ ・高圧力になる炊飯器
乗車用ヘルメット	自動二輪車又は原動機付自転車乗車用のものに限る。	・バイク・ライダー用のヘルメット ・ハーフ形乗車用ヘルメット ・スリークオーター形乗車用ヘルメット ・オープンフェース形乗車用ヘルメット ・フルフェース形乗車用ヘルメット
登山用ロープ	主身体確保用のものに限る。	・ザイル

石油給湯機	灯油の消費量が七十キロワット以下のものであつて，熱交換器容量が五十リットル以下のものに限る。以下同じ。	・石油給湯器
石油ふろがま	灯油の消費量が三十九キロワット以下のものに限る。以下同じ。	・石油ふろがま
石油ストーブ	灯油の消費量が十二キロワット（開放燃焼式のものであつて自然通気形のものにあつては，七キロワット）以下のものに限る。	・石油ストーブ

出所）経済産業省[6)]，一部修正

　製造物責任法（PL 法：Product Liability 法）には，製品の欠陥によって生命，身体または財産に損害を被ったことを証明した場合に，被害者は製造会社などに対して損害賠償を求めることができることが規定されている。

　具体的には，製造業者などが自ら製造，加工，輸入または一定の表示をし，引き渡した製造物の欠陥により他人の生命，身体または財産を侵害したときは，過失の有無にかかわらず，これによって生じた損害を賠償する責任があることを規定している。PL 法でいう「欠陥」とは，① 設計上の欠陥，② 製造上の欠陥，③ 指示・警告上の欠陥がある（藤田，2017：238-239）。また製造業者などの免責事由や期間の制限についても定めている。

　そのほか，商品の計量に関する法律として，計量法がある。計量法では，法定計量単位により取引や証明をするときは，正しく計量することが義務付けられている。具体的には，第1に，計量販売に適する商品は法定計量単位で示して，販売することが義務付けられている。法定計量単位とは，長さであればメートル，質量であれば，キログラム，グラム，トンなどである。第2に，特定商品を計量販売するときには，量目公差内で計ることが定められている。量目公差とは，不足の許容誤差のことをいう。特定商品とは，精米，野菜，果実，魚介類，精肉，灯油，皮革である[7)]。

　また，商品の規格および品質表示に関する法律である工業標準化法に規定された JIS マークや農林物資の規格を制定・普及させ，農林物資の品質に関する適正な表示を行わせることを目的とした JAS 法（農林物資の規格化等に関する法

図表５－７　標準品や規格品であることを示すマーク

名称	マーク	概　要
JIS マーク		工業標準化法にもとづき，国に登録された機関（登録認証機関）から認証を受けた事業者が，認証を受けた製品またはその包装などに表示することができる。JIS マークは，表示された製品が該当する JIS に適合していることを示しており，取引の単純化のほか，製品の互換性，安全・安心の確保および公共調達などに大きく寄与している。 →工業標準化法
JAS マーク	認定機関名	品位，成分，性能等の品質についての JAS 規格（一般 JAS 規格）を満たす食品や林産物などに付される。 → JAS 法（農林物資の規格化等に関する法律）
特定 JAS マーク	認定機関名	特別な生産や製造方法についての JAS 規格（特定 JAS 規格）を満たす食品や，同種の標準的な製品に比べて品質などに特色があることを内容とした JAS 規格を満たす食品に付される。 → JAS 法（農林物資の規格化等に関する法律）
特定保健用食品マーク	消費者庁許可 特定保健用食品	「体脂肪がつきにくい」「虫歯の原因になりにくい」など，特定の保健の用途の表示を消費者庁が許可した食品に付される。特定保健用食品として販売するためには，製品ごとに食品の有効性や安全性について審査を受け，表示について国の許可を受ける必要がある。 →健康増進法，食品衛生法
PSE マーク	PS E（特定電気用品）	電気用品安全法にもとづき，製造，もしくは輸入された「特定電気用品」（高危険度が予測され，厳重に審査される電気製品）に表示される（マークは菱形）。定められた機関で試験を行うことが義務づけられている。 →電気用品安全法
PSE マーク	PS E（特定電気用品以外の電気用品）	電気用品安全法にもとづき，製造，もしくは輸入された「特定電気用品以外の電気用品」に表示される（マークは丸形）。「特定電気用品以外の電気用品」には，一般家庭などのコンセントにつないで使用するもの（冷蔵庫，洗濯機，エアコン，テレビなど）などがある。メーカー・輸入業者が，自ら安全性を確認したうえで表示される。 →電気用品安全法
Eマーク		・優れた品質（Excellent Quality） ・正確な表示（Exact Expression） ・地域の環境と調和（Harmony With Ecology） の３つの「E」を食品の「品」に図案化した全国統一の認証マーク。都道府県が地域の原材料の良さを生かしてつくられた「地産地消タイプ」の特産品に付される。 →地域特産品認証事業
BL マーク	LB	安全で快適な「住まいづくり」のために，品質・性能およびアフターサービスなどに優れていると認定された住宅部品（BL 部品）に付される。 →優良住宅部品認定制度

注）JIS：Japanese Industrial Standards（日本工業規格）
　　JAS：Japanese Agricultural Standard（日本農林規格）
　　PSE：Product+Safety+Electrical appliance & materials の頭文字
　　BL：Better Living の頭文字

出所）日本商工会議所・全国商工会連合会編『販売士ハンドブック（基礎編）⑤販売・経営管理』
　　（2016：45-46）

律）による JAS マークがある（吉田，2002：10-11）。なお，この他にも各法律等にもとづき標準品や規格品に関するマークが定められている（図表5－7参照）。

　他の商品に関する法律には，家庭用品品質表示法がある。家庭用品品質表示法は，消費者が製品の品質を正しく認識し，その購入に際し不測の損失を被ることのないように，事業者に家庭用品の品質に関する表示を適正に行うよう要請し，一般消費者の利益を保護することを目的に制定された。対象品目は，繊維製品，合成樹脂加工品，電気機械器具，雑貨工業品のうち，品質の良しあしが見分けにくく，消費者の利益が著しく害される恐れのあるものが指定されている（商業界，2006：90）。

2-1-8　販売促進に関する法規

(1)　景品類

　販売促進に関する法律として，行き過ぎた販売促進により，企業間の公平な競争を阻害し，消費者利益を損なわないようにすることを目的とした「不当景品類及び不当表示防止法（景品表示法）」がある。不当景品類の規制や不当な表示の防止などの規制が規定されている。景品表示法上の景品類とは，顧客を誘引するための手段として，事業者が自己の供給する商品・サービスの取引に付随して提供する，物品，金銭その他の経済上の利益であり，景品類に該当する場合は，景品表示法に基づく景品規制が適用される。

① 一般懸賞　商品・サービスの利用者に対し，くじなどの偶然性，特定行為の優劣などによって景品類を提供することを「懸賞」といい，共同懸賞以外のものは，「一般懸賞」とよばれる。具体例としては，抽選券やじゃんけんなどによる提供，パズルやクイズなどの解答の正誤による提供などがあたる。

② 共同懸賞　複数の事業者が参加して行う懸賞は，「共同懸賞」として実施することができる。具体的には，一定の地域の小売業者またはサービス業者の相当多数が共同で実施する場合や，中元・歳末セールなど，商店街やショッピングビルなどが実施する場合があたる。

③ 総付（べた付け）景品　一般消費者に対し，「懸賞」によらずに提供される景

品類は、一般に「総付景品」、「べた付け景品」などとよばれており、具体的には、商品・サービスの利用者や来店者に対してもれなく提供する金品などがこれにあたる。

(2) 景品表示法における規制内容

景品表示法における景品規制は、「懸賞制限」と「総付景品制限」の2種類の方法で制限されている。「懸賞制限」のうち、「一般懸賞」の場合、懸賞によって提供できる景品類の最高額は、「取引価額」が5,000円以上の場合、10万円を限度として、5,000円未満の場合は取引価額の20倍の金額を超えてはならないとされている。「共同懸賞」の場合、「取引価額」にかかわらず30万円までとされている。なお、景品類の総額が、一般懸賞の場合は、「懸賞に係る売上予定総額」の2％までとされ、共同懸賞の場合は3％までとされている。「総付景品制限」では、提供できる懸賞の最高額については、「取引価額」が1,000円未満の場合、景品類の最高額は200円、1,000円以上の場合は、取引価額の10分の2までとなっている（藤田，2017：244-245）。

(3) 不当表示の防止

景品表示法では、「不当表示」として禁止されている表示には、商品の品質や規格などの価値を実際より高く表示した優良誤認表示と、価格、数量、景品、アフターサービス、保証期間などの取引条件を実際より有利に表示した有利誤認表示がある（垣田，2002：150）。

具体的には、優良誤認表示は、国産のブランド牛ではない国産牛をあたかも国産有名ブランド牛の肉であるかのように表示する場合などがあたる。

有利誤認表示は、価格を著しく安くみせかけるなど取引条件を著しく有利にみせる表示があたる。実際には自社製品は他社製品と内容量が同じであるにもかかわらず、表示は2倍の内容量であるかのような表示をした場合、有利誤認表示に該当する。

また、事業者が自己の販売価格に当該販売価格よりも高い他の価格を併記し

て表示する二重価格表示も景品表示法で禁止されている。

2-2 消費者基本法と個人情報保護法

ここでは，消費者基本法と個人情報保護法の内容について取り上げる。

2-2-1 消費者基本法

消費者が安全で安心できる消費生活を実現するため，旧来の「消費者保護基本法」を見直し，2004年5月に「消費者基本法」が制定された。消費者基本法では，「消費者の権利の尊重」と「消費者の自立支援」を基本理念とした消費者政策の基本的事項が定められている（山田，2008：171-172）。

消費者基本法第2条では，「消費者の権利」として尊重されるべきこととして，① 消費生活における基本的需要の保障，② 健全な生活環境の確保，③ 消費者の安全の確保，④ 商品，役務の自主的，合理的な選択の機会の確保，⑤ 必要な情報の提供，⑥ 教育の機会の提供，⑦ 消費者意見の反映，⑧ 適切，迅速な被害の救済が明記された。同時に，自立支援として ① 事業者の適切な活動の確保，② 消費者の年齢，特性への配慮が定められ，そこでは，高度情報化への対応，国際的連携および環境への配慮も明記された（中田，2016：9）。

2-2-2 個人情報保護法

個人情報保護法（「個人情報の保護に関する法律」）は，利用者や消費者が安心できるように，企業や団体に個人情報を大切に扱ってもらったうえで，有効に活用できるよう共通のルールを定めたものである。

① 個人情報取扱事業者　取り扱う個人情報の数にかかわらず，紙やデータで名簿を管理している事業者がすべて個人情報取扱事業者となる。

② 個人情報と個人識別符号　個人情報とは，氏名や生年月日などによって特定の個人を識別できるものをいう。生年月日と氏名の組み合わせ，顔写真なども個人情報にあたる。

個人識別符号とは，その情報だけでも特定の個人を識別できる文字，番

号，記号，符号などのことをいう。たとえば，生体情報を変換した符号として，DNA，顔の容貌，虹彩の模様，声紋，歩行の態様，手指の静脈，指紋，掌紋があたる。

　　また，公的な番号としてパスポート番号，基礎年金番号，免許証番号，住民票コード，マイナンバー，各種保険証番号などがある。

③ 民間事業者の個人情報の取り扱いの基本ルール　個人情報取扱事業者には，5つの基本ルールが義務付けられている。第1に，個人情報を利用する際には使用目的を特定する必要がある。また，個人情報を取得する際には，特定利用目的を本人に通知するか，ホームページなどで公表する必要がある。第2に，取得した個人情報は利用目的の範囲内で利用する必要がある。第3として，個人情報をデータベース化した場合は取得した個人情報を安全に管理する義務が生じる。電子ファイルであれば，パスワードを設定するなどの対策が求められる。第4としては，個人情報を他者に渡す際には，本人の同意を得る必要がある。第5に，本人からの個人情報の開示請求には応じる義務がある。[10]

2-3　環境問題と消費生活

　ここでは，環境問題に対する法律と消費生活に関連する法律について取り上げる。

2-3-1　環境基本法

　環境基本法は，1993年に制定された。その目的として，「環境の保全について基本理念を定める」ことによって，第1条では「環境の保全に関する施策を総合的かつ計画的に推進し，もって現在及び将来の国民の健康で文化的な生活の確保に寄与するとともに人類の福祉に貢献することを目的とする」と述べている。この中で述べられている環境保全の基本理念は，第1に「現在及び将来の世代の人間が健全で恵み豊かな環境の恵沢を享受するとともに人類の存続の基盤である環境が将来にわたって維持されるように」することである。第2に

「環境への負荷の少ない健全な経済発展を図りながら持続的に発展することができる社会が構築される」ことにある。第3に「国際的協調の下に積極的に推進されなければならない」ことであるとされている（金原, 2012：138）。

2-3-2 リサイクルに関する法律

リサイクルに関する法律には，容器包装リサイクル法（「容器包装に係る分

図表5-8 容器包装リサイクル法における各主体の役割分担

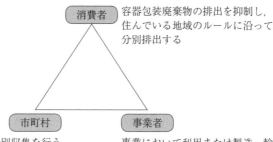

消費者
容器包装廃棄物の排出を抑制し，住んでいる地域のルールに沿って分別排出する

市町村
容器包装廃棄物の分別収集を行う

事業者
事業において利用または製造・輸入した容器包装の量の「排出の抑制」を行うとともに，その量に応じてリサイクルの義務を負う

スチール缶
（飲料缶）

アルミ缶
（飲料缶）

PETボトル
（飲料，醤油用）

紙製容器包装
（段ボールやアルミを
使用していない飲料
用紙パックを除く）

プラスチック製容器包装
（飲料，醤油用
PETボトルを除く）

出所）日本商工会議所・全国商工会連合会編『販売士ハンドブック（基礎編）⑤ 販売・経営管理』
（2016：60）

別収集及び再商品化の促進等に関する法律」），家電リサイクル法（「特定家庭
用機器再商品化法」），食品リサイクル法（「食品循環資源の再生利用等の促進
に関する法律」）などがある。

① 容器包装リサイクル法　家庭から排出される容器包装廃棄物のリサイクルの
　促進などによって，廃棄物の減量化を図るとともに，資源の有効活用を図る
　ことを目的としている（図表5－8参照）。

② 家電リサイクル法　一般家庭や事務所から排出された家電製品（エアコン，
　テレビ，冷蔵庫・冷凍庫，洗濯機・衣類乾燥機）から有用な部品や材料をリ
　サイクルし，廃棄物を減量するとともに，資源の有効利用を推進することを
　目的としている。

③ 食品リサイクル法　食品の売れ残りや食べ残しにより，または食品の製造過
　程において大量に発生している食品廃棄物について，発生の抑制と減量化に
　より最終的に処分される量を減少させるとともに，飼料や肥料などの原材料
　に再生利用するために，食品関連業者（食品製造業，食品小売業，食品卸売
　業，外食産業）による食品循環資源の再生利用などを促進することを目的と
　している。[11]

2-3-3　環境影響評価法（環境アセスメント法）

　環境影響評価法（環境アセスメント法）は，環境アセスメントを行うことで
重大な環境影響を未然に防止し，持続可能な社会を構築することを目的に制定
された。大規模開発など環境に大きな影響を及ぼすおそれのある事業につい
て，環境アセスメントの手続きを定め，環境アセスメントの結果を事業内容に
反映させることにより，事業が環境保全に配慮して行われるようにすることを
目的としている。

2-3-4　環境関連の諸制度

　そのほかに，環境関連として以下のような制度がある。

① 預託払戻制度　ビール瓶などの引き取りの際にお金が戻ってくる制度をい

図表5−9　循環型社会における3Rの考え方

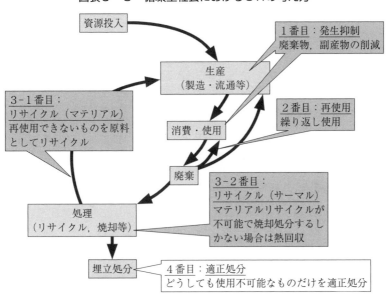

出所）環境省「アジア3R推進会議イシューペーパー」2006年

う。デポジット・リファンド・システムともいう。預託払戻制度のメリット
は，デポジットの対象とした空き容器などの回収率が向上すること，返却せ
ずゴミとして捨てる人は，預り金がもどらないため，実質的に捨てる人が回
収費用を負担することになること，メーカーが責任をもって回収・再利用す
る点がある（デポジット法制定全国ネットワーク，2000：12-13）。

② エコマーク事業　エコマークとは，さまざまな製品やサービスのなかで，生
　産から廃棄にわたるライフサイクル全体を通じて環境への負荷が少なく，環
　境保全に役立つと認められた商品につけられる環境ラベルである。

③ グリーンマーク事業　公益財団法人古紙再生促進センターが実施している事
　業で，原料に古紙を規定の割合以上使用していることを示すグリーンマーク
　を古紙利用製品に表示することにより，古紙の利用を拡大し，紙のリサイク
　ルの促進を図ることを目的としている。

④ 国際エネルギースタープログラム　パソコンなどのオフィス機器について，稼

働時，スリープ・オフ時の消費電力に関する基準を満たす商品につけられるマークで，日本，米国のほか，EU など9か国・地域が協力して実施している国際的な制度である。日本では，経済産業省が制度運営している。

2-3-5　3R

循環型社会を形成するための取り組みの頭文字をとった3R政策の推進がなされている。3Rとは，リデュース（Reduce：発生抑制），リユース（Reuse：再利用），リサイクル（Recycle：再資源化）をいい，この順番で取り組むことが重要である（図表5-9参照）。

3 計数管理の基本

ここでは，小売店経営にとって必要な計数管理の必要性と決算や利益の種類，売買損益の計算方法について取り上げる。

3-1　小売店経営における計数管理の必要性

計数管理は店舗運営を効率的に行うために不可欠である。日々の業務のなかで，発注量をどのくらいにするか，どのくらい商品が売れているのかなど，利益と費用との関係を把握することが重要である。

3-1-1　小売店における費用と利益

費用には，売上原価，ロス高，調整可能費用，営業費用，その他の費用などがある。調整可能費用には，人件費，販売促進費，什器・備品費，包装費，在庫金利，水道光熱費がある。

営業費用は，家賃，チェーンストアの場合は本部費用などがある。また，その他の費用としてチェーンストアの本部スタッフ各部の費用がある。

一方，店舗での利益としては，売上総利益，店舗調整可能利益，店舗営業利益，店舗純利益がある。なお，店舗の利益の種類として取り上げる場合は，制

度会計上の概念とは異なり，実務上の概念であることに注意する必要がある。

3-1-2　利益の算出方法

　利益の算出方法は，以下のとおりである。

① **売上総利益**　総売上高から売上原価とロス高を引いた利益である。

$$売上総利益＝総売上高－売上原価－ロス高$$

② **店舗調整可能利益**　店舗管理のやり方によって削減できる費用を調整することで生じた利益である。

$$店舗調整可能利益＝売上総利益－調整可能費用$$

③ **店舗営業利益**　店舗調整可能利益から営業費用（家賃，チェーンストアの本部費用）を控除したものである。

$$店舗営業利益＝店舗調整可能利益－営業費用$$

④ **店舗純利益**　店舗営業利益からその他の費用（チェーンストアの本部スタッフ各部の費用）を控除したものである。

$$店舗純利益＝店舗営業利益－その他の費用（チェーンストアの本部スタッフ各部の費用）$$

3-2　販売に求められる決算データ

3-2-1　決　算

　決算では，企業の財政状態や経営業績を明らかにするため，貸借対照表や損

176

益計算書といった財務諸表を作成する。貸借対照表は，会計期間終了時点における企業の資産，負債，純資産を示したものである。資産の明細として現金，預金，売掛金，土地，建物，有価証券などが記載される。負債には借入金などがあり，純資産には，資本金や利益剰余金などがある。資産と負債・純資産の合計が等しくなることから「バランスシート」とよばれる。

　また，会計期間における企業の経営業績を明らかにしたものが損益計算書である。一定期間中の売上，費用，利益・損失が記載されている。

3-2-2　単体決算と連結決算

　単体決算とは一企業の単体でみた決算のことをさす。一方，連結決算とは2つ以上の企業が親会社を中心に株式保有による従属関係にある場合，個別の財務諸表をある一定の基準によって統合し，決算を組むことをいう。

3-2-3　損益計算書における利益の種類

　販売活動の損益計算は，段階的に算出する。
① 売上高−売上原価＝売上総利益
② 売上総利益−販売費及び一般管理費＝営業利益
③ 営業利益＋営業外収益−営業外費用＝経常利益
④ 経常利益＋特別利益−特別損失＝税引前当期純利益

① 営業収益　事業による売上高に加えて不動産賃貸収入やその他の役務収入も含む。
② 売上総利益　売上高から売上原価を引いた金額のことで，粗利益ともいう。
　　売上原価とは小売業が商品を仕入れた金額をいい，売上原価＝期首商品棚卸高＋純仕入高−期末商品棚卸高で算出する。
③ 営業利益　本来の企業の営業活動によって得られた利益のことで，営業収益から売上原価と営業費用を引いたものである。
④ 経常利益　企業の本来の事業活動で生じる営業利益に営業外収益を加えて，

営業外費用を引いたものである。

⑤ 当期純利益　当期純利益（税引前）とは経常利益に特別損益（特別利益と特別損失の差額）を加減したものである。

特別利益とは，繰り返し発生しない特別な活動などによって生じた利益をいう。また，特別損失とは，繰り返し発生しない臨時的な損失をいい，固定資産売却損などがあたる。

⑥ 販売費及び一般管理費　家賃，人件費，宣伝広告費や販売促進費など販売活動に要した諸費用をいう。

3-2-4　売買損益計算

売買損益計算とは，一定期間の総売上高から売上総利益を算出する計算をいう。

① 総売上高から純売上高を算出

総売上高 −（売上返品高 + 売上値引高）= 純売上高

② 総仕入高から純仕入高を算出

総仕入高 −（仕入返品高 + 仕入値引高）= 純仕入高

③ 純仕入高を使い売上原価を算出

期首商品棚卸高 + 純仕入高 − 期末商品棚卸高 = 売上原価

④ 売上原価を使い売上総利益を算出

純売上高 − 売上原価 = 売上総利益

期末商品棚卸高とは，決算日（会計期間の末日）における在庫商品のことである。当期の期末商品棚卸高は次期の期首商品棚卸高となる。

仕入諸掛とは，商品仕入の際に発生する運送費，関税，保険料などをさす。

4 店舗管理の基本

ここでは，金券の種類と取り扱いの注意点，万引き対策といった店舗管理の基本となる事項を取り上げる。

4-1　金券の取り扱いと金券管理の基本知識

4-1-1　金券の種類

小売業で商品を販売する際，代金の受け取り方は現金が一般的であるが，近年ではさまざまな金券が増加しており，販売員はその種類を認識しておく必要がある。

金券の種類としては，まず現金と換金性のある証券に区分される。現金は，中央銀行が発行する紙幣と政府が発行する硬貨があり，換金性のある証券には，小切手，図書カード，各種商品券やギフト券がある。

4-1-2　代金支払方法の種類

代金支払方法として，現金以外にも，各種商品券やギフト券，小切手，クレジットカード，デビットカード，電子マネーがある。

① **各種商品券やギフト券**　百貨店，専門店，スーパーマーケットなどの小売業やクレジットカード会社などが商品券やギフト券，図書カードなどを発行している。顧客から商品券やギフト券を受け取ったら，その商品券やギフト券の発行会社等に持参することで現金に換金できる。

② **小切手**　顧客から受け取った小切手を銀行にもっていくことで，顧客の当座預金口座から自分の預金口座に小切手の額が移る。

③ **クレジットカード**　顧客が契約しているクレジットカード会社のカードを利用し買物をした場合，商品代金は，後日クレジットカード会社から支払われる。クレジットカード会社は，クレジットカードの利用者が保有する金融機関の預金口座からその代金を回収するシステムになっている。

④ **デビットカード**　消費者の預金口座と紐付けられた決済用のカードである。

デビットカードの「デビット」とは「即時払い」を意味し，消費者の口座に
ある預金を瞬時に引き落とし，加盟店の口座に移動するシステムである（日
経BP社ネットワーク局，1999：4）。

⑤ 電子マネー　デジタルデータ化された仮想通貨のことであり，ソフトウェア
をパソコンに組み込んで仮想の財布を設け，ネットワークを通じて決済する
「ネットワーク型」やICカードに入金した貨幣価値の情報を書き込む「IC
カード型」がある。キャッシュレスで買物ができる利便性が認知され，急速
に利用が増加している。

4-1-3　金銭管理の留意点

① 金券の確認　現在，カラーコピーなどの機器が容易に利用できることから金
券が偽造されることがある。販売員は，金券にホログラムや透かしが入って
いるかなど受け取る際に確認することが重要である。

② 小切手の確認　小切手を受け取る場合は，振出人の署名，押印があり，適正
な金額が記入されているか確認することが重要である。

③ 店内での金銭管理　毎日，金券の合計と一日の売上が一致しているかを必ず
確認し，レジを閉めたあとは，店長などの責任者が金券を金庫などで安全に
保管する。

④ 残高不一致の改善　店舗運営をしていると，入金金額と売上高が一致しない
場合が生じる。原因は，レジの打ち間違い，お釣りの渡し間違い，価格変更
などである。そこで，誤りを起こさないようにするため，金銭管理の手順を
マニュアル化しておくなど未然の対策が重要になる。

⑤ 金銭の盗難防止　金銭の管理には，外部者への警戒とともに，従業員などの
内部者にも気を付ける必要がある。そのために，金銭管理のマニュアルをつ
くり，確認は複数人で複数回行うなど犯罪を未然に防ぐ仕組みをつくる必要
がある。また，防犯カメラなどの設備を設置することも効果的である。

⑥ 無意識の窃盗防止　店舗内の商品や金銭を盗むことは窃盗罪にあたる。従業
員も「盗む」ということを意識的に実行すれば，犯罪を行っている意識をも

つ。しかし，店舗で働いていると無意識に窃盗を行ってしまう場合がある。店舗の商品を無断で消費するなど，結果的に窃盗になるケースもある。こうしたことが起こらないように，店員のモラル向上や就業規則，マニュアルを徹底しておく必要がある。

4-2　万引き防止対策の基本知識

4-2-1　万引きの被害

　万引きの発生は，店舗の商品ロス率を上昇させ，利益率の低下につながり店舗経営に損害を及ぼす。そのため，万引きを未然に防止する適切な対策を講じることが不可欠となる。

4-2-2　万引きへの対策

　従業員が万引き対策として行うことの第1は「声かけの実施」である。顧客に「いらっしゃいませ」と挨拶することで万引きの抑制となる。第2は，管理の行き届いた店舗づくりを行うことである。整理整頓され，売場の管理が行き届いている店舗は万引きしにくい環境といえる。第3は，売場から死角をなくすことである。従業員から目につかない場所をなくし，見通しのよい店内のレイアウトにすることでも万引き防止となる。

　従業員による万引き防止策は限界があるので，セキュリティシステムを導入することも効果的である。たとえば，防犯カメラを設置することやIC付きのタグを商品につけ，精算をしないで店外に持ち出すとアラームが鳴るなどの防犯システムがある。ICタグとよばれるRFID（Radio Frequency Identification：無線自動識別）技術が応用されたものである。このタグは小型であるため，さまざまな形状の商品に取りつけ可能であることから，万引き防止効果が期待できる。

4-3 衛生管理の基本知識

4-3-1 食と安全

食品を取り扱う販売員は衛生管理に気を付けなければならない。特に最近ではノロウイルスによる食中毒の発生などその防止には注意を払う必要がある。食中毒防止の3原則として、「細菌をつけない（清潔）」、「細菌を増やさない（迅速・冷却など）」、「細菌を殺す（殺菌）」がある。

「細菌をつけない」ために、手や調理器具の洗浄や消毒の徹底、原材料と調理済みの食品とを区分保管、区分作業をする必要がある。「細菌を増やさない」ためには、冷蔵・冷凍の温度管理の徹底、冷凍・冷蔵ケースを清潔に保つ、保存期間管理や先入れ先出しの徹底などがある。「細菌を殺す」には、中心部までよく加熱することで食中毒防止になる（渡邉、2017：40-41）。

4-3-2 HACCP

HACCP（Hazard Analysis and Critical Control Point）のHAとは、危害分析のことをいい、原料や製造工程などのなかで商品を製造するうえで何が危害（問題）となるかということを事前にはっきりとさせておくことである。

CCPは、原料や製造工程中で品質管理を行ううえで、ここでミスをすると不良品がでてしまう管理項目をいう。つまり、何が危害となるかを明確にして、その重要な管理項目を重点的に適切なシステムとして管理することがHACCPの基本である。ここでいうシステムとは、①危害分析（HA）、②重要管理点（CCP）の設定、③管理基準（CL）の設定、④モニタリング方法の設定、⑤改善措置の設定、⑥検証方法の設定、⑦記録の維持管理というHACCPの7つの原則である（新宮、2002：18-24）。

なお、HACCPによる管理の例は図表5-10に示される。

4-3-3 食品表示法と食品のトレーサビリティ

① 食品表示法　食品表示法は、食品衛生法、JAS法および健康増進法に規定されていた商品表示に関係する規定を統合し、食品の表示に関する包括的かつ

図表5－10　HACCP による管理の例

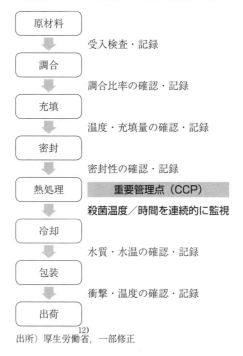

原材料

　　受入検査・記録

調合

　　調合比率の確認・記録

充填

　　温度・充填量の確認・記録

密封

　　密封性の確認・記録

熱処理　　　　**重要管理点（CCP）**

　　殺菌温度／時間を連続的に監視

冷却

　　水質・水温の確認・記録

包装

　　衝撃・温度の確認・記録

出荷

出所）厚生労働省[12]，一部修正

一元的な制度とした法律である。食品の表示は，食品を安全に取り扱い，使用するために必要な情報および消費者の選択のために必要な情報を提供するという重要な機能を果たしている。たとえば，安全性に関する情報としては，アレルギー物質，保存の方法，消費期限などの情報がある。選択に関する情報としては，原材料，栄養成分の量および熱量，原産地などの情報がある（日本食品衛生協会，2014：8）。

② トレーサビリティ制度　食の安全と安心を確保するうえで，食品のトレーサビリティ制度がある。トレーサビリティとは英語の「trace（追跡する）」と「ability（可能性）」を合成した言葉である。誰がどのようにつくったかという生産工程と，どのような経路で運ばれてきたかという流通過程を把握し，商品の履歴をたどることをさしている（図表5－11参照）。トレーサビリティ

図表5-11　食品のトレーサビリティ

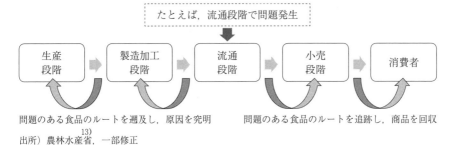

出所）農林水産省[13]，一部修正

制度は，あくまで食品とその情報の追跡，遡及のためのシステムであり，製造工程の安全性や衛生管理，品質管理を行うにはそれぞれを管理するシステムの導入が必要である。

トレーサビリティ制度の導入目的としては，

① 情報の信頼性の向上　経路の透明性の確保，情報提供，表示の立証性を助ける，取引の公正化に寄与することがあげられる。

② 食品の安全向上への寄与　事故原因の探索，正確で迅速な回収・撤去，リスク管理手法の発展，事業者の責任の明確化があげられる。

③ 経営管理の効率化　在庫管理・製品管理や品質管理の効率化があげられる（横山，2004：3）。

4-4　店舗施設の保守・管理

ここでは，店舗施設を3つの機能に分けたうえで，顧客にとっても従業員にとっても望ましい店舗施設とその環境整備について取り上げる。

4-4-1　店舗施設の3つの機能

店舗施設は，機能の違いにより前方施設，中央施設，後方施設の3つに分けられる（木地ほか，1997：69）。それぞれの施設の違いを把握したうえで，店舗の保守管理をすることが重要である。

① 前方施設　前方施設には，顧客誘引機能と店舗訴求機能がある。顧客誘引機能とは，顧客を店内に誘い入れるための機能である。たとえば，駐車場や案内施設などが該当する。店舗訴求機能は，店舗において顧客の購入意欲をかき立てるための機能である。具体的には，看板，ファサード，ショーウインドウなどがある。

② 中央施設　中央施設には，販売促進機能とサービス促進機能がある。販売促進機能は，顧客に商品を販売するための施設で，通路，照明，ショーケース，レジスターなどがあたる。一方，サービス促進機能は，商品の販売に付随するサービスを提供する施設のことをさし，サービスカウンターやコミュニティスペースなどが該当する。

③ 後方施設　後方施設には，防災・管理機能と福利厚生機能がある。防災・管理機能は，店舗の安全の確保や店舗管理に必要な機能をもつ施設のことをいい，事務所，倉庫，非常設備などが該当する。また，福利厚生機能とは，従業員の勤労意欲の向上や労働力の確保・定着を図るための施設のことをさし，具体的には食堂，休憩室などがある。

注
1 ）中小企業庁（http://www.chusho.meti.go.jp/koukai/hourei/14fy/0203029kouri sinnkou.htm　2018 年 1 月 18 日アクセス）
2 ）中小企業庁（http://www.chusho.meti.go.jp/shogyo/shogyo/2015/150507hourei. htm　2018 年 1 月 18 日アクセス）
3 ）日本クレジット協会（http://www.j-credit.or.jp/customer/basis/sales-act.html 2018 年 2 月 13 日アクセス）
4 ）同上
5 ）経済産業省（http://www.meti.go.jp/product_safety/consumer/system/01.html 2018 年 1 月 18 日アクセス）
6 ）経済産業省（http://www.meti.go.jp/policy/consumer/seian/shouan/item.html 2020 年 11 月 30 日アクセス）
7 ）経済産業省（http://www.meti.go.jp/policy/economy/hyojun/techno_infra/14_

gaiyou_ryoumoku.html#1　2018年1月19日アクセス）

8）消費者庁（http://www.caa.go.jp/policies/policy/representation/household_
goods/outline/outline_01.html　2018年1月19日アクセス）

9）消費者庁（http://www.caa.go.jp/policies/policy/representation/fair_labeling/
pdf/fair_labeling_160801_0001.pdf　2018年1月19日アクセス）

10）個人情報保護委員会（https://www.ppc.go.jp/files/pdf/kojinjouhou_handbook.
pdf　2018年1月19日アクセス）

11）環境省（https://www.env.go.jp/recycle/recycling/index.html　2018年1月
20日アクセス）

12）厚生労働省（http://www.mhlw.go.jp/stf/seisakunitsuite/bunya/kenkou_iryou/
shokuhin/haccp/index.html　2018年1月20日アクセス）

13）農林水産省（http://www.maff.go.jp/j/syouan/seisaku/trace/　2018年1月20
日アクセス）

引用・参考文献

垣田達哉『小売業のための食品表示の常識』商業界，2002年

木地節郎・浜田恵三『新店舗施設管理用語小辞典』同友館，1997年

金原達夫『環境経営入門～理論と実践～』創成社，2012年

商業界編『商業用語辞典』商業界，2006年

新宮和裕『HACCP実践のポイント改訂版』日本規格協会，2002年

鈴木安昭『新・流通と商業（第6版）』有斐閣，2016年

住谷宏「商業集積」懸田豊・住谷宏編著『現代の小売流通（第2版）』中央経済
社，2016年

デポジット法制定全国ネットワーク編『だれでもできるデポジット』合同出版，
2000年

中田邦博「消費者法とはなにか」『基本講義消費者法（第2版)』日本評論社，
2016年

日経BP社ネットワーク局編『10分でわかるデビットカード』日経BP社，1999年

日本商工会議所・全国商工会連合会編『販売士ハンドブック（基礎編）～リテー
ルマーケティング（販売士）検定試験3級対応～⑤販売・経営管理』カリア
ック，2016年

日本食品衛生協会『早わかり食品表示法（食品表示法逐条解説)』日本食品衛生
協会，2014年

藤田裕『図解で早わかり改定新版消費者契約法・特定商取引法・割賦販売法のし
くみ』三修社，2017年

間川清『店長とスタッフのためのクレーム対応　基本と実践』同文舘出版，2014
年

村千鶴子「売買契約」『国民生活』2014年8月号，国民生活センター，2014年

山田壽一「消費者の自立：消費者保護基本法から消費者基本法へ」『中央学院大学商経論叢』第 22 巻 2 号，2008 年

吉田利宏『新食品表示制度〜改正 JAS 法〜』一橋出版，2002 年

横山理雄監修『食の安全とトレーサビリティ』幸書房，2004 年

渡辺達朗『商業まちづくり政策〜日本における展開と政策評価〜』有斐閣，2014 年

渡邉常和『飲食店の品質管理のしくみがわかる本』同文舘出版，2017 年

● 索 引 ●

190

販売管理論入門〈改訂版〉　　　　　　　　　　　　　　　◎検印省略

2018年3月30日　第一版第一刷発行
2021年1月20日　改訂版第一刷発行

　　　　　　　　　　　　　　　　　　　　編著者　坪井　晋也
　　　　　　　　　　　　　　　　　　　　　　　　河田　賢一

　　　　　　　　　　　　　　　　　　　　〒153-0064
　　　　　　　　　　　　　　　　　　　　東京都目黒区下目黒3-6-1
発行者　田　中　千津子　　　　　　　　　電　　話　03(3715)1501(代)
発行所　株式　学　文　社　　　　　　　　　振替口座　　00130-9-98842
　　　　会社
乱丁・落丁の場合は本社でお取替します　　　　　印刷所　亨有堂印刷所
定価は売上カード，カバーに表示　　　　　　http://www.gakubunsha.com

ISBN 978-4-7620-3048-2